語りかける縄文人

戸沢充則［著］

新泉社

序——縄文人は怒ってる

いまからちょうど二〇年前、わたしは『縄文人との対話』（名著出版、一九八七年）と題する小著を出版しました。五十代半ばの、世間でいうところの〝働き盛り〟の年頃の、わたしの最初の著書でした。内容は学生時代以来、約三〇年の間に、あちらこちらの雑誌や新聞などに寄稿した、エッセイを主とした古い短文のいくつかをかき集めて一冊にまとめたもので、研究者としてのはじめての単行本としては、多少の恥じらいを感じながら本にしてもらいました。

しかし、太平洋戦争の敗戦という激変の現実の中で、幼ない心で知った考古学という学問に、限りない可能性と夢を信じ、わたしなりに懸命に歩んできた学びの道を、一種の喜びを噛みしめるような気持ちで、その時点での自分の〝考古学観〟のまとめをしてみるつもりで出した本であったように思います。

その本の中に登場し、わたしたちと対話してくれた縄文人は、その二年前に出版された『縄文人は生きている』（有斐閣、一九八五年）の主人公として、みんな自分たちの生きた古い時代の歴史に誇りをもち、現代に生きるわたしたちに、希望と夢を与える力を語りかけてくれるように、わたしには受けとめることができました。

それから二〇年、この間、わたし自身も考古学の勉強や発掘を通して感動を受けるといった場から、やや遠ざかる環境に身を置かざるをえないときを過ごしてしまいました。そのことには悔いと反省を覚えるのですが、いまふり返ってみるとその頃から学界や世間では、「縄文時代観が変わる」などといわれた、縄文時代の新発見をはじめ、考古学ブームが注目を浴びました。

そうでありながら、あるいはそうであった故にともいえますが、一方では、縄文文化は世界の〝五大文明〟の一つだというイメージをふりまいて、その担い手である縄文人をほめ殺しにするかのような歴史教科書が世に現われました。そうかと思うと、小学生が最初に日本歴史を学ぶ社会科教科書からは、縄文人も、その祖先につながる旧石器人も抹殺されるという事態が進められていました。

こうしたことを、いま多くの研究者や教育者は、人類としての自分たちの歴史の原点を知らない、中途半端な歴史の捉え方しかもつことのできない、それ故に豊かな人間としての心の育ちにくい子どもが多くなるのではないかと、心配の声をあげています。

このことは当の縄文人にとっては戸惑い以外の何ものでもありません。敗戦によって初めてみんなが知った平和と自由の日本の社会で、神話に代わる正しい科学的な古代史の主人公として、ようやく日本歴史の上に復権し、子どもから大人まで多くの現代の日本人と、対話を続けてきた縄文人にとっては、とても淋しく悲しいことにちがいありません。わたしの耳には縄文人の怒りの声が聞こえてくるようです。

そんな縄文人をいとおしみながら、また同時に、この頃とくに強く聞こえてくるようになった、日本の政治社会の地鳴りのような暗い響きにおののきつつ、定年退職後の余生をわずかに生きているわたしですが、なぜかここ二、三年、〝講演〟などの名で話をする機会がしばしば与えられるようになりました。

現役を引退してしばらく経ったわたしには、専門的な〝学術講演〟などする自信もなく、はじめのうちは辞退をくり返していたのですが、あるきっかけで、六〇年という戦後の時代を生きてきた一人の老考古学徒として、縄文人に代わって、古い時代と現代・未来の歴史のために、いまの子どもたちや市民、とくに地域で歴史遺産を大事にしている人びとに、何かを語りかけなければいけないという想いが次第につのってきたのです。

こうして時どき壇上に立つことになったのですが、この頃は物忘れが多くなって、話の途中で言葉を失わないように、草稿を用意するのが習慣となりました。そして手元に残っているそのいくつかを拾って、本書をまとめることにしました。

その計画を思いたったとき、一冊の本として読みやすくするために、各会場での個別の話題、とくに自分自身の個人的なことや、重複する内容を削除したり書き直して整稿することを考えたのですが、会場で聞いてくださった人びととのふれあいや、話し手としてのそのときの自分の気持ちを、少しでも行間に残そうと思って、草稿にわずかに手を加えただけで原稿にいたしました。

そのためこの本を読んでくださる方には、ややわずらわしさを感じさせるのではないかと、おわびをいたします。そして年齢も立場もその背景もさまざまに異なる多くの人びとに、共通に語りかけることのできる言葉を、まだ自分の学んできた考古学の中に十分に用意できずにいることを、改めて反省する機会にもなりました。

本書をまとめるに当たって、多くの方々から激励と協力をいただきました。

まず、各地で行ったわたしの話を熱心に聞いてくださったみなさん、ありがとうございました。とくにふるさとの小学校での話の終わりに、会場から手を振ってくれた小学生たちの姿は、いまでも印象として忘れられません。

何年か前にわたしのために素敵なイラストをたくさん描いてくれて、今回それらをこの本に使わせてくれた、さかい・ひろこさんには改めてお礼を申しあげます。

また、出版について温かいご指導と援助をいただいている新泉社と編集長の竹内将彦氏には、こんどもいろいろとご迷惑をおかけしました。以上すべてを含めて、今日までわたしとともに考古学の道を歩んでくださった、多くの仲間のみなさんに、心から感謝の意を表します。

二〇〇七年三月

戸沢充則

語りかける縄文人　目次

装幀　勝木雄二

1 ふるさとで学んだ少年時代の考古学

06・10・12　長地小学校・講演

はじめに

みなさんこんにちは。わたしは長地《おさち》小学校のみんなと同じ、この岡谷市で生まれ育った、トザワミツノリという者です。岡谷小学校を出た後、諏訪中学校に入学し、諏訪清陵高校を卒業してから明治大学に進学しました。それ以来ずうっと学生として、また後には教授として考古学の勉強を続けてきましたが、四年前に大学をやめて、いまは隠居生活をしている七十四歳のおじいさんです。

いまここでたくさんの小学五、六年生のみんなの顔をずうっと見渡していると、自分がまだ小さかった少年時代のことを思い出し、みんなはこれからいろいろな夢を抱いて、長い年月を一生懸命生きていかれるんだからいいなあと、とてもうらやましく思います。

そこで今日は、夢をもって一生を生きるとは、どういうことなのかということを、主にこのおじいさんの少年時代、ふるさとである岡谷・諏訪の地で、どのように過ごしてきたかを思い出しながら話をして、みんなに聞いてほしいと考えました。

とはいっても、わたしは四〇年以上もの間、大学の先生をやっていて、大学生や大人に向かってたくさん話をしてきましたが、小学生のみんながこんなに大勢集まった所で話をするというのははじめてのことです。うまく話せるかどうかとても心配です。もしわかりにくいところがあったら、今日はみんなのお父さんやお母さん、それにみんなの学校の先生方もいっしょに聞いてくださるので、あとで教えてもらってください。

1　スクモ塚古墳は歴史の宝

スクモ塚古墳のこと

さて、今日の話はスクモ塚古墳のことから始めましょう。この古墳のことは、みんなの長地小学校から三〇〇メートルも離れていないすぐ近くにありますから、毎日のようにそばを通ったり、話に聞いていたりしていてよく知っていますね。そしてその古墳というものが、いまから一四〇〇年も昔の、古代のこの土地に住んでいた祖先たちのうちで、一番地位の高い人、そうですね、みんなにわかりやすい言葉で説明するのは難しいけれど、古代の村の長（おさ）か、当時の国の都（ヤマト）から来た、位の高い役人といったような人といったら、少し思い浮かぶかもしれませんが、スクモ塚古墳というのは、そういう特別な人を葬った、普通のものより大きなお墓だったのです。

そして最近の発掘と研究でわかりはじめたことは、そのスクモ塚古墳を中心に、長地小学校一帯の土地には、古代の諏訪の国全体を治める「役所」の跡があったのではないかと注目されるようになったのです。そういったことを先生やお父さんお母さんなどから話を聞いて、知っている人もいるかもしれませんね。しかしスクモ塚古墳を少し知っている人も、全然知らない人も、難しい学問のうえのことは、これから大きくなるにつれて少しずつ勉強していけばよいことです。それよりも今日ここでは、ここにいるみんなが、スクモ塚古墳というのは、囲りにあるエノキガイド遺跡などとともに、この長地という土地にとっても、もっと広く諏訪地方全体にとっても、いまから一〇〇〇年以上も昔の古代の歴史を知るうえで、かけがえのない貴重な歴史の宝であり、それがみんなの学校の足元に残っているんだということを、しっかりと覚えておいてください。

古墳を守った岡谷市民

さて、このスクモ塚古墳で今年（二〇〇六年）の四月、「スクモ塚古墳保存記念碑」という、立派で大きな石碑が建てられたお祝いの会が、市長さんをはじめ多くの市民が参加して行われました。六年生のみんなの中から二〇名ほどの代表が、除幕の綱をひくのに加わってくれたから、よく覚えていることと思います。

この記念碑は何を記念したものかというと、いまからもう四〇年前のことになりますが、さっきも話したように、長地の土地にあって、この地方の古代の大切な歴史の宝であるスクモ塚古墳の、小山のように盛り上がっている塚が、新しい家を作る土地として平らに削られて、古墳そのものがこの地上から消え失せてしまうという、たいへん心配な問題がおこりました。

そこでまず、長地に永く住んでいる人たち、みんなのおじいさんやお父さんに当たる人々が、郷土の歴史の宝を、もとからあったその場所に、そのままの形で残したいと、教育委員会の文化財保護の担当者や、考古学を研究している学者などに相談を持ちかけました。相談の結果、岡谷市民全体に呼びかけて、署名運動といって、スクモ塚古墳をそのまま残すことに賛成してくれる人の、名前を集める運動を始めました。何千人もの賛成者の名前が集まって、署名運動は大成功を収めました。岡谷市民が市内にある歴史の宝を、いかに大切に思っているかがあらわれていました。

とはいっても、古墳のある土地はその土地を持っている地主さんの貴重な財産ですから、まわりの他人が勝手に、ああしろこうしろというわけにはいかないのです。地主さんとよく話し合って、お金を出してその土地を買わなければいけないのです。市も、運動を進めてきた人たちにも、すぐ大金を用意することはできずに、みんなはそこではたと困ってしまいました。

増沢俊文さんのこころ

そのとき、そんな様子をみかねて、古墳を残すために、スクモ塚のある土地と自分が耕作するほかの畑の土地をとりかえっこをし、自分の土地となったスクモ塚古墳を、郷土の歴史の宝としていつまでも守るように、そしてそこを遺跡公園として使うようにと、岡谷市にポンとその土地を預けるという、たいへん立派な一人の市民があらわれました。

それは増沢俊文さんという方です。増沢さんは先祖代々この岡谷市内で熱心に農業を営み、その土地の農業をさらに盛んにしていくために、どのようにしたらいいかを研究もするという、みんなには難しい言葉かもしれませんが、「篤農家《とくのうか》」として知られた方です。そして農業を熱心に営みながら日頃から、郷土を愛することは郷土の歴史を大切にすることから始まると考えて、その歴史が残されている土地で、一所懸命農業を続けることが、自分の生甲斐だといわれてがんばってこられ、いまでもお元気で畑仕事をされておられます。今日この会場におみえになったら、みんなにお声をかけていただこうかと思っていたのですが、都合があって来ておられません。残念ですがまたの機会にいたしましょう。

その増沢さんが今年（二〇〇六年）の四月、スクモ塚古墳の上に立派な記念碑を建てられたわけですが、その石碑の表の面には「桜花咲く須久茂《すくも》の塚に今立ちて諏訪の太古に想い馳せつつ」という和歌が刻まれています。それは桜の花が満開のスクモ塚古墳の上に立ってみると、いまでも諏訪や郷土の昔の歴史のことを、あれこれと考えることのできるのは、とてもうれしく、大事なことだという意味の、増沢さんが歴史の宝に寄せる気持ちをあらわした言葉です。

そして碑の反対の面、ちょうど長地小学校を向いた面には、「少年よ大志を抱け」という、有名なクラーク先生の言葉が、力強く太い大きな字で刻まれています。これは長い一生を岡谷の土地で、一人の農民として生き抜いてきた増沢さんが、日本の未来を担う小学生のみんなに、大きな夢を抱いて、のびのびと元気で生きていってほしいという願いをこめて刻んだ、増沢さんのこころを示す字であると思います。

2 土器・石器との出合い

スクモ塚古墳の記念碑に刻まれた「少年よ大志を抱け」という言葉の意味を考えながら、もうおじいさんになってしまったわたしの少年時代のことを思い出し、みんなにいくつかのことを話してみましょう。

今日は「イラスト自分史」と書いたコピー二枚を配ってあります。これは考古学の研究を続けながら、たくさんのイラスト画を描いている〝さかい・ひろこ〟さんという若いわたしの友人が、わたしが本などに書いた古い文章を読んだり、遺跡で撮った昔の写真などを参考にしながら、わたしの小学生のときから大学の先生をやめた頃までの一生の様子を、イラスト画として描いてくれたものです。たくさんの絵のいくつかは本の挿絵に使ったものもありますが、いままではわたしの大事な一生の記念品として机の中にしまいこんで、大部分は誰にも見せたことがありませんでした。今日はわたしのふるさとの小学生であるみんなに全部見てもらおうと考えて、校長先生にお願いしてコピーしてもらいました（図1）。

変なものを拾っていると戦争に敗けるぞ！

さて、「イラスト自分史」の①は、いまから六三年前の小学五年生のときのわたしの姿です。わたしの通っていた学校は岡谷国民学校（小学校のこと）の山校《やまこう》といわれた学校です。岡谷の町の中心からは少し離れた、急な坂道を上った山の上にあったから山校と呼ばれていたのです。この絵はその山校の裏山の松林の中で、防空壕という深い穴を掘っていたときの様子です。防空壕といってもみんなは知らないだろうなあ、と思いますから少し説明しておきましょう。

わたしが小学生だった頃、日本の国は隣りの中国や、ヨーロッパの大国だったイギリス、アメリカなどを相手に、アジア大陸や太平洋の島々などを戦場として激しい戦争をしていました。「アジア・太平洋戦争」といって、一五年間もの長い年月続いた苦しい戦争で、日本人だけでも何百万人、アジア全体では一〇倍にも近い多くの人が命を失ったという、たいへん不幸な戦争でした。

この戦争もこのイラストにあるわたしの小学五年生の頃になると、日本はだんだん敗けいくさになり、東京をはじめ全国の大きな町には、毎日のようにアメリカ軍の飛行機がやってきて、たくさんの爆弾を落として、子どもたちもふくめて多くの人が死んだり、工場や家がいっぱいこわされるようになりました。これを空襲といいますね。

田舎の小さな町でしたが、岡谷には以前から製糸工場がたくさんありました。だからいつ空襲があるかわからない、そのときに小学生たちが命を守るために松林の中に、身をかくすことができるような深い穴を、小学生たちが自分たちの手で、イラストに描かれているような身長よりも大きなシャベルを持って、苦労して掘る作業を何日も何日もやらされたのです。その深い穴のことを防空壕といったのです。

ここでちょっと、小学生のときの学校生活のことを思い出したので、少し話をつけ加えます。三年生のとき（昭和十六年十二月八日）、日本はそれまで戦っていた中国に加えて、アメリカ、イギリスなどとも戦争を始めました。その頃から、さっき話した防空壕掘りの作業もそうですが、冬のストーブで焚く木を山奥の森で切って学校まで運んだり、軍馬の餌にする草を刈り集めたり、戦争の終わりの頃になると、食糧増産といって校庭を開墾したりといった作業ばかりやらされて、教室で勉強したり、校庭などで楽しく遊んだという思い出はあまりありません。なんといっても食べ物が不自由で、弁当にはごはんの代わりに、さつまいもやトウモロコシ、大豆のゆでたものが少し入っているといった具合で、お腹がすいてとても辛かったことが一番の思い出です。いやですね。いまのみんなにはこんな小学生時代を、二度と経験させてはいけないと、わたしは大人になってからずっと思いつづけてきました。

ところで話を防空壕のことに戻しましょう。みんなで必死に土を掘り上げていると、その土の中に赤茶けた瓦の破片のようなものが、いっぱい混ざっていることに気がつきました。小学生たちはものめずらし気に、なんだ？なんだ？とシャベルや鍬を放り出してがやがや騒いでいると、向こうから先生が駆けつけ

① こらっ、変なものを掘っていると戦争に負けるぞ！
(小学 5 年生)

③ 考古学を学ぶ心を教えてくれた
藤森栄一先生（わたしの高校生の頃）

岡谷市海戸遺跡の土器

② はじめて縄文土器を拾って
感動！（中学 1 年生）

⑤ 1 年間の浪人時代を過して、東都遊学の旅に出る
(大学 1 年生)

④ 大学に進むか、ふるさとに
残るかを悩む（高校 3 年生）

⑥ 新入生の夏休みに、ふるさとで
新型式の縄文土器を発見
（大学１年生）

⑦ 新しい研究方法の開拓にも
意欲をもった（大学講師）

⑧ 遺跡は教室と信じて、学生たちと発掘に
汗を流した（大学教授）

⑨ 市民参加の発掘をし、小学生たちと
縄文人の版画集を作る（大学教授）

⑩ 発掘と保存に走りまわる（大学教授）

⑪ 考古学の研究ができなくて
つまらない（大学学長）

図１　イラスト自分史（原画：さかい・ひろこさん）

てきて、子どもたち、つまりわたしたちがどなられて叱られたときの様子がこのイラスト①です。

そのとき、先生が何といってわたしたちを叱ったのか、言葉どおりには覚えていませんが、「こんなものは野蛮人が捨てていった汚いものだ。そんな変なものを拾って喜んでいると、日本は戦争に敗けるぞ!!」というようなことを言って、小学生が見ている前で、その変な物(じつは縄文土器であることが後でわかる)を踏みつぶして、また小さな子どもたちに防空壕を掘らせたのです。

けれどもその後、岡谷の町は空襲におそわれることもなく、小学生たちは一度も防空壕に身を隠すこともなく、二年後に日本は敗けて戦争の時代は終わりました。

戦争に敗けて日本歴史が変わる

戦争が終わった一九四五年(昭和二十)の春に、わたしは諏訪中学校の一年生になっていました。実際に戦争が終わったのは八月十五日の夏休み中のことでした。その日のことは詳しく記憶していませんが、中学一年生といってもまだ子どもですから、空襲などを避けるため当分の間岡谷の町を離れて、山梨県にある父の田舎の村へ一時身をひそめる(疎開といいました)その前日のことでした。何か遠足気分で楽しみにしていたのにがっかりしたという覚えがあります。

いつもより長い夏休みが終わって学校が始まりました。これからどうなるのだろうと不安な気分で、久しぶりに教室で待っていました。そこに先生が入ってくるなり、日本歴史(その頃は国史といっていた)の教科書と、習字のときに使う墨と筆を机の上に出せといいつけました。そして歴史の教科書の頁を開かせて、何頁の何行目から何行目までの字を、墨で真黒に塗りつぶせというのです。それまでは教科書を汚したり、ましてやいたずら書きをすることは一番いけないことだと、うるさく教えられてきた生徒たちは、びっくりして先生の顔を見上げました。

するると先生が苦しそうに小声で言いました。「日本は戦争に敗けた。いままで学校などで教えられてきた国の歴史が誤っていたことが明らかになった。だからそのまちがっていたところを教科書から消すように、上から命令が出たのだ」と説明したのです。しかし何がどのように誤りかは何も教えられないまま、生徒たちは不安気でつまらなそうな顔をして、言われるままに墨塗り作業をしばらく続けました。

そうしているうちに教科書は半分近くの頁が真黒になってしまい、生徒たちは日本は戦争に敗けたんだ、これから歴史が変わるのだと感じとりましたが、墨塗り作業にはいいかげん疲れてしまいました。するとそんな様子を見た先生が「こんなつまらないことはやめにしよう。これから学校の裏山の畑に行って、本物の歴史を拾うからみんなついてこい」といって、五〇人ほどの生徒を教室から近くの畑に連れ出しました。

畑に着くと先生は土の上からすぐ何かを拾い上げて、それをみんなに見せながら、「こんな赤茶けたかわらけのようなものや、変わった形や色をした石が見つかったら、何でもいいから拾い集めろ」と生徒たちに号令をかけました。みんなはわけもわからないまま畑中を歩きまわって、「あった、あった」「それ、オレが先に見つけたもんだ。横取りするな」などとワイワイ騒ぎながら夢中で拾い集めて、畑の真ん中に立っている先生の足元に積み上げました。

やがて先生はみんなを集合させ、集めたものをそれぞれの生徒の手に持たせて、教室の中での気の乗らない小さな声とはくらべものにならない元気な大声で、拾ったものの説明を始めました。

「こりゃなあおめえたち、何千年も前の大昔のご先祖様が使った容れ物の器《うつわ》の破片で、考古学ちゅう学問のうえでアイヌ式（縄文式の古い言い方）土器ちゅうもんだ。この黒いガラスのような石は太陽の鼻糞という黒耀石で、この三角のものは石の矢尻だ。こりゃ本物の歴史を知るのにとても大切な宝物だぞ」と声高々に教えてくれました。この先生は有名な郷土史の大家でもあったのです。

まだ泥まみれの縄文土器の大きな破片を手にしっかり持って、先生の話を聞いていたわたしは、その瞬間、畑の土の底のほうから何か強い電気が起きて、足の先から身体中に電流が伝わったような、激しいおどろきというか、ショックといってよいほどの強い感動を受けました。イラスト②はそのときのわたしの様子です。

その日の放課後には二、三人の友人を誘って、またその畑に行って土器や石器を拾い、そのことが病みつきになって、暇があると学校からかなり遠い所まで出歩いて、夢中で土器や石器を集めるようになったのです。これがわたしが考古学というものに出合ったときの、忘れることのない思い出です。

3　考古学のとりこになる

防空壕のことを思い出す

教科書の墨塗りの後、学校の裏山の畑で縄文土器を拾って、考古学との出合いがあったといっても、それはまだ中学一年生で、ここにいる小学生のみんなと歳もあまり違わない少年ですから、教室で墨で塗り消した教科書の日本の歴史と、土器や石器を拾ってわかるという本物の歴史が、どのように違うのかといった難しいことはわかるはずもなく、またそんなことを深く考えようともしませんでした。ただ夢中であちこちを歩きまわって、好奇心と面白半分で土器や石器を拾い集めて、満足していたといっていいのでしょう。

そうこうしているうちにふと、小学五年生のときに、山の学校の裏山で防空壕を掘ったときのことを思い出しました。気がつくといても立ってもいられず、午後の授業を抜け出して、学校を飛び出すとそこに駆けつけました。防空壕はもう長い間の風雨にさらされて崩れかけていましたが、その崩れた土の中に土器の破片などがいっぱい顔を出しているではありませんか。もう無我夢中、有頂天になってそれらを拾い集めました。それはとてもたくさんの量で手に持ちきれず、学校のカバンの中の教科書やノートなどを全部放り出して、泥だらけの土器や石器をいっぱいつめこんで、やっと家に持ち帰りました。

その夜は興奮して、水洗いした土器の破片を新聞紙の上に並べて、一晩中ふとんの中に入ることもなく見つづけて夜を明かしてしまいました。それはそれらの土器がいままであちこちで集めたものとくらべて、土の色も違うし、描かれている土器の文様もまったく違うことに気づいて、不思議でたまらなかったからです。

ところが次の日は、うっかり忘れていたのですが、学校では学期末のテストの日でした。それも一番苦手の数学と化学の試験でした。教室で試験用紙をもらっても、昨日の土器が目の前にちらついてまったく問題が解けず、結果は落第点で、あとで担任の先生に大目玉を喰うことになりますが、それでもテストの終わったあとのわたしは少しもがっかりしていませんでした。

それというのは、テストが終わったらすぐ藤森栄一先生の所に行って、昨日、山校の裏山の防空壕跡で見つけた土器のことを、先生に教えてもらうことで頭がいっぱいで、張りきっていたからです。

藤森栄一先生に考古学を教わる

藤森栄一先生は上諏訪で生まれて、諏訪中学校の生徒の頃から独学で考古学を学び、中学生のときには中央の学会の雑誌に論文を発表するといった、天才のような考古少年でした。しかし家の都合で大学に進学することができず、大学の教授といった専門学者になることはできませんでしたが、家の仕事（本屋さん）の合間にたくさんの優れた論文などを書き、一時、京都や東京に出て学会の活動などにも加わったりして、わたしが高校生になってはじめてお逢いしたときには、日本中にその名を知られた有名な考古学の研究者でした。

この藤森先生のことは話したいこと、みんなに知ってもらいたいことが山ほどありますが、今日は時間がないのでまたの機会にいたしましょう。イラスト③に、わたしたち中学生・高校生に対しても、やさしく一生懸命に考古学のことを教えてくれた先生の姿が描かれています。この絵はその頃の先生の生きうつしのように、じつに上手に描かれていて、絵を見ていると先生の声が聞こえてくるようです。

さて、テストの時間が終わると、わたしは土器の破片をいっぱいつめたかなり大きな木の箱を持って、藤森先生を訪ねました。先生は上諏訪駅のすぐ近くの博信堂という本屋さんの店主で、毎日そこで仕事をされていました。わたしが行くと店の中にいるお客さんのことを気にしてか、すこし困ったような様子でしたが、すぐに店の奥にあった小さな事務室に入れてくれました。そして机の上の書類などを隅のほうに片づけて、わたしが持っていった土器をそこに並べさせました。それをざっと見渡したあと、そばの本棚から難しい論文の載っている厚い本をとり出して、その中の写真や図と机の上の土器を見くらべながら、たくさんの土器片を種類別にまとめたり、並べかえたりしていくのです。それは手品師がトランプを器用に動かすようにあざやかで、そばでだまって見ているわたしは、まるでマジックにかかったように感心してしまいました。そして自分も早くそうなりたいと思いました。

しばらくすると藤森先生は土器の分類を続けながらわたしに言いました。「ねえ君、この土器はいままで諏訪地方でも、もしかすると長野県でもあまり見つかっていない、縄文の一番古い時期の土器だよ。これは大発見だよ。これからおおいに研究して考古学会に発表しなさい」と言ってくれたのです。

さっき言ったように藤森先生は考古学の大家です。高校一年生のわたしはその大先生にそう言われて、とびあがりたくなるほど有頂天になりました。そして「オレはいままでのように、面白半分で土器や石器を拾い集めるだけでなく、本気で考古学をやるぞ」と決心したのは、このときのことだったと思います。

このように、まだ戦争中の小学五年生のとき、防空壕を掘っていたら、土の中から変なものが出てきたと思い、先生が「それは野蛮人が捨てた汚いものだ」といって踏みつぶした土器が、戦争が終わって平和になり、正しい本物の歴史を自由に勉強できるようになったおかげで、その同じ土器が諏訪地方で縄文時代の最も古い歴史の宝であると知ったことは、最初に縄文土器を拾っておどろいたときよりも、さらに大きな感激でした。そしてわたしは考古学の専門家になって、わたしたちの古い祖先たちのことを研究しよう、さらに何が正しい歴史なのかを、一生かけて勉強しつづけたいと強く考えたのです。

長地の畑を歩きまわる

ここでわたしが中・高校生だった頃、一番よく歩きまわって勉強をした長地のことについて、少し思い出話をいたしましょう。

わたしは家が岡谷で、中学校と高校は上諏訪にありましたから、毎日列車に乗って学校に行きました。その頃は蒸気機関車（ＳＬ）がひっぱる列車で、汽車と言っていましたから、わたしは「汽車通学生」というわけです。考古学のとりこになってからは、放課後早く学校が終わると、その汽車に乗って帰ることはあまりなく、上諏訪から岡谷の家までは歩いて帰るのがしょっちゅうのことでした。途中の畑や道端で土器や石器を探すことが楽しみだったからです。

上諏訪から下諏訪、長地、岡谷までの道はかなり遠いのですが、わたしが一番多く足を運んだのは長地でした。その頃の長地はまだ岡谷といっしょになる前の長地村という一つの村でした。いまのように家や工場がいっぱい建ち並んでいるというのではなくて、村全体が広い畑、その多くは桑畑だったと覚えていますが、少し小高い所に立つとその広い畑を通して諏訪湖が見え、その向こうには上諏訪や茅野の町、そして富士見の方まで見え、そのさらに遠く八ヶ岳の裾の向こうには富士山も望めるといった、それこそ諏訪全体が見渡せる、とても景色のよい所だったと記憶しています。

今日の話のはじめのほうで、増沢俊文さんがスクモ塚の記念碑に書いたように、スクモ塚に立てば諏訪全体が見え、昔の諏訪の歴史のことなどを思い出すというう
たの話をしました。そんな風景がわたしの中・高校生の頃、ほんの五、六〇年前の長地ではどこでも見られたのです。

全体が南向きの広い台地（扇状地）で陽当たりもよく、目立つような大きな風水害もあまりおきない長地は、大昔から人びとのとても住みやすい土地だったと考えられます。それが証拠には東のほうに当たる山の裾には、主にいまから五、六〇〇〇年前の縄文時代の大遺跡がたくさんあり、すこし平地のこの長地小学校のまわりには、二〇〇〇年前から一〇〇〇年前頃までの間に栄えた、諏訪地方では一番大きくてこの地方の中心地と思われるような古代のムラや役所があり、その近くにはスクモ塚のような古墳もたくさんあるのです。

梨久保遺跡を発掘し論文を書く

長地の遺跡や考古学の研究のことは話したいことがたくさんありますが、少し難しいこともありますので、みんなが中学生になり学校で歴史をもう少し勉強してからにしましょう。ただ中学生から高校生の頃、わたしが長地へよく来ていろいろなことを勉強して、それがわたしが考古学の道を進むのにどれほど役立ったか、いくつかの例の中から一つだけ、少し自慢話になるかもしれないけれどみんなに聞いてもらうことにします。

この学校から見て北東の方向の山の裾に、梨久保《なしくぼ》遺跡という有名な縄文時代の遺跡がありますね。もう一〇年以上も前に国の文化庁という役所が、ここは日本中でも非常に大切な縄文時代の遺跡の一つだから、これからもこの遺跡を荒さないように大事に守って、大昔の祖先の歴史を知るための勉強の場としなさいということで、国の指定史跡に定めた遺跡です。こうした遺跡は長野県内でも一〇カ所あるかないかのたいへん重要な遺跡なのです。

梨久保遺跡では毎年、市の教育委員会や市民の人たちが集まって、「梨久保縄文ゼミナール」という少し難しい名前の集まりですが、みんなで力を合わせて土器を焼いたり、石器を作ったり、またドングリをつぶして〝縄文パン〟を焼き、ヤマメの燻製などのごちそうを食べて、縄文人の暮らしぶりを勉強する会を開いています。去年（二〇〇五年）わたしも参加しましたが、それは縄文人のお祭りのように楽しいものでした。今年もついこの間の十月一日にその〝縄文まつり〟をやったということですから、みんなの中にもきっと行った人がいるかもしれませんね。

さて、この梨久保遺跡はわたしが高校二年生のとき、遺跡に当たる土地を畑にするために開墾の作業をしている所に、ちょうど高校の仲間たちと立ち寄って発見したのです。そこで諏訪じゅうの高校の地歴・

郷土クラブに呼びかけて、その後何回も何回も発掘をくり返して行いました。その結果約六〇〇〇年前の縄文の大遺跡だということがわかりました。

その発掘で高校生たちが掘り出した土器は、その頃まだ長野県下では未発見の土器で、たまたま東京の大学など中央の学者の間でも注目され、研究が進められていた土器と似たものでした。そこでわたしたちは梨久保遺跡で発掘した土器に「梨久保式土器」という名をつけ、学者の真似をして一生懸命に論文をまとめて、自分たちで手刷り（ガリバン印刷）で作った雑誌（『諏訪考古学』第七号）に発表しました。そのため「梨久保式土器」は中央の考古学界でも認められ、いまでもその名は土器の研究のうえで、多くの研究者にひきつがれて使われています。こうした高校生たちの研究は何人かの学者から褒められました。そのおかげで、地方の一高校生のくせにわたしの名前も、東京の大学などにいた先生に知られるようになったのです。

梨久保遺跡のことは一つの例ですが、中・高校生のときに一番多く歩きまわった長地の遺跡のことは、それからのちのわたしの考古学の勉強のためにどれほど役立ったかしれません。いま少年時代を思い出しながら、長地のみなさんの前で「長地の遺跡よありがとう!!」と、お礼を言いたい気持ちでいっぱいになりました。

今日話をしたスクモ塚古墳や梨久保遺跡のほかにも、長地には大切な考古学上の遺跡や遺物、そして少し時代が新しい祖先の残した歴史の宝がいっぱいあります。長地のみなさんがそれらを少しでも学び、これからもその歴史の宝を大事に守っていってくれるといいなあと心から願っています。そしてここにいる小学生みんなの中から、長地の遺跡のことを一生懸命に勉強して、一人でも二人でも未来の考古学者が誕生すればいいなあと期待しています。

4　考古学の道をすすむ

ふるさとに残るか、大学進学するか悩む

まだ時間がありますね。考古学を知りはじめた中・高校生の頃の思い出話が長くなってしまいましたので、せっかく用意してもらった「イラスト自分史」は、まだはじめの三つ見ただけです。その後のわたしがどうなったかを、残り時間の中でイラストの順番を追って少し見てもらいましょう。

まずイラスト④ですが、これは縄文土器を片手にもって、夕暮れの諏訪湖の岸辺に立って悩んでいる高校三年生のわたしです。何を悩んでいたかというと、高校を卒業して大学に進むか、それともこのままふるさとの諏訪に残って仕事につき、藤森栄一先生のもとで考古学の研究を続けるか迷ったのです。

結局、大学は受験せず、かといって就職活動もせず、一年間の浪人生活を送ることになりました。それはわたしの家はお金持ちではなく、またそれまで考古学にばかり熱中して学校の授業もおろそかにし、とくに受験勉強などしなかったということも、大学進学のできなかった大きな原因です。

浪人時代には藤森先生がやっていた書店の手伝いをしながら、先生の書斎にあるたくさんの考古学の専門書なども自由に読ませてもらったり、時には先生といっしょに遺跡の発掘に出かけたりして、一生懸命に勉強をしました。そればかりでなくイラスト⑤の左側に描かれているような、『諏訪考古学』という雑誌を八号まで作りました。さっきの話に出てきた梨久保遺跡の論文は、その七号に発表したものです。これを見た東京の大学の先生などが、大学に入学するように何度もお手紙をくれたり、藤森先生もそうしな

さいとすすめてくれたので、浪人生活は一年で終わりにして、次の年、一夜漬けの試験勉強をして明治大学を受験し、なんとか入学することができたのです。

いまイラスト⑤の左側の『諏訪考古学』のことには触れましたが、みんなの中には左下の絵はなんだと気にしている人がいるんじゃないかな。ちょっと恥ずかしい話ですが、並んで二人で座っている左側の女の子は、高校時代にいっしょに考古学を勉強していた仲間の女子高校生の一人です。右側の人物がわたし。二人は大学を卒業してから少したって結婚し、それから約五〇年、いまでも東京の一つ屋根の下でかなり仲良く暮らしています。五〇年もの間仲良くしてこれたのも、一つには二人とも考古学という勉強が、高校生のときから好きだったせいかもしれないと、このごろ歳をとってからときどき考えることがあります。

大学で考古学に熱中し、やがて教授になる

イラストの⑥⑦は大学に入ってから、学部の学生・大学院生のとき、石器や土器を研究し、また遺跡の発掘に熱中して、真剣に勉強をしているわたしの姿です。こういう若い頃の自分を見ると、もう一度若者のように夢を追って元気に生きたいなあと、つくづく思わずにはいられません。

次のイラストに移りましょう。大学院を終わるとすぐわたしは明治大学の先生になりました。一九六一年から二〇〇二年まで四二年間も先生だったのです。その間にわたしが学生に考古学を教える一番大切なスローガンは、「遺跡は教室である」ということでした。それはわたし自身が少年時代に、諏訪やこの長地の遺跡で体験したように、その土地の自然やそこに住む人びとと接し、遺跡に直接触れて考古学を学んだ喜びを、学生たちにも肌で味わってもらおうと願ったからです。イラスト⑧のように学生といっしょに

汗を流して発掘したり、その日の作業や勉強が終わると、お酒を飲んでみんなと話し合うことのほうが、大学の教室で難しい話をするよりはずっと好きだったからです。

縄文人を大好きになった小学生たち

そのうちに大学の学生とばかりでなく、一般の社会の人びと＝市民や小・中学生の子どもたちともいっしょに発掘をしたり、勉強をする機会がとても多くなりました。イラスト⑨に小学生と縄文人の版画集を作ったときの絵があります。この版画集のことは詳しく話したいのですがこの次の機会にして（本書では第6章参照）、ここでは簡単に紹介しておきます。

東京の西の郊外に東久留米という市があります。二〇年ほど前、その町の中でわたしたちが新山《しんやま》遺跡という縄文のムラの跡を発掘しました。発掘を始めるとまもなく近くの小学生たちが学校帰りに、はじめのうちは土遊びをしたくて道草をしに立ち寄りました。だがしばらくすると発掘に興味を持ちはじめ、やがて縄文人の生活のことなどを知りたいと思うようになりました。

第七小学校ではその子どもたちが六年生になり、みんなが先生や両親などに相談し、卒業記念の共同制作として「縄文の人びとの生活」という版画集を作ることになりました。それから一年近くをかけて、小学生たちは縄文人の暮らしに関するいろいろな体験学習（小学生たちはそれを〝縄文行動〟と呼んだ）をし、わからないことは市の学芸員さんや学校の先生に教わりながら、一七七人の六年生が手分けをして八七枚の版画を描いて一冊の版画集にまとめました。

版画はこの長地小学校のみんなはとても上手なことで以前から有名ですが、縄文人の暮らしを描いた東久留米の小学生の版画もすばらしい出来でした。その版画集を見たとき、わたしは「小学生の心と眼で見たこの版画集の縄文人の生活の様子は、考古学の専門家でも気がつかないような、じつに生き生きとした歴史を発見させる」と、東京のいくつかの新聞に感想を伝えました。そのうえで小学生の版画集全部を使って、小学生が大好きな縄文人の姿を全国の人に知ってもらおうと思って『縄文人は生きている』（有斐閣、一九八五年）という本を作りました。この本はあとで校長先生に渡しておきますので、これを見てみんなも縄文人のことを勉強してください。

ただここでこの本の中味のことを一つだけ話しておきたいと思います。この本には版画集を作った小学生たちの作文ものせてあります。その中の短い作文の一部をここで読みますから聞いて下さい。

「いまわたしたちが使っているものは、ほとんど縄文の人びとが考え出したものじゃあないかなと気がついた」

「わたしはいまなんでも、できたものに頼って、自分で作れるものも作らないでいるが、これでいいのかなあと思った」

「縄文の人びとは、生活のもとになるものをのこしてくれたから、わたしたちも後の人間たちのために、何かを残していきたい」

この作文はみんなと同じ小学六年生の書いたものだから、意味はよくわかりますね。この小学生たちは縄文人の生活ぶりを勉強して、いまの自分たちがどのように生きなければいけないかを考え、そして知ったのです。とても大切で立派なことだと思いませんか。

おわりに

もう時間がなくなりましたが、もう少しイラストを見てください。小学六年生の版画集を見て感動したあと、そんな小学生たちの未来に、できるだけたくさんいいものを残してやるのがいまの大人の役目だと強く思うようになりました。「となりのトトロ」という有名なアニメーション映画があって、みんなもよく知っているし、トトロやメイちゃんやサツキちゃんのことはきっと大好きな人が多いと思います。その舞台となったのが、いまわたしが住んでいるすぐ近くにある狭山丘陵という所です。〝トトロの森〟と呼んで、そこにある自然や森、古い人びとのくらしの跡を、未来の子どもたちに残してあげたいと考えて、もう二〇年もの間、「となりのトトロ」という映画の作者である宮崎駿《はやお》監督などと相談し、みんなで力を合わせてがんばってきたのもその一例です。イラストの⑩はいそがしく走りまわったその頃のわたしの姿です。

しかしそうしている間に、大学の中でだんだん忙しい仕事をやらなければいけないようになり、落ちついて考古学の勉強や楽しい遺跡の発掘などはできなくなりました。そしていつのまにか大学の学長さんなどという、思いもよらない大役を引き受けることになってしまったのです。イラスト⑪は学長をやっていたときのわたしの顔です。つまらなそうな怒ったような顔で何かをにらみつけていますね。

そうです。わたしは学長になって威張ってやろうと思ったり、大金持ちになって楽な生活を過ごそうと思って、そのことを目的として少年時代から考古学を一生懸命勉強してきたわけではありません。いま思い出せば、高校を卒業するときも、大学に行っていずれ学者や教授にならなくても、ふるさとの諏訪で研究したほうがよいのではないかと考え、悩んだことはイラスト④の絵で話しました。

大学を卒業するときも、その頃、家がとても貧乏で大学院に進むお金もなく、もう田舎に帰ろうと決心しました。それでもアルバイトをすればなんとかなると先輩や友人にはげまされて、いくつかの家庭教師などをやりながらがんばりました。そして大学院が終わったら今度こそふるさとへ帰って、学校の先生をやりながら、藤森栄一先生のような考古学をやるんだと考えていました。

しかし何かの拍子で大学に残るようになって、四〇年以上も大学の教授を勤めてきましたが、いずれにしてもわたしが考古学を勉強してきた目的は、考古学研究を通して正しい日本の歴史を知り、中学生になる年まで続いていたあの苦しくて悲しい戦争を、もう二度とひきおこさないような、平和で自由な日本の社会を守るために、少しでも自分の考古学の研究を役立てたいということでした。そのことが少年の頃からわたしが持ちつづけてきた大きな夢だったのですね、といま改めて思います。

少し難しくてややこしい話をしてしまいました。退屈だったらごめんね。最後にもう一言みんなに伝えて終わりにします。

今日はじめにも話したように、今年（二〇〇六年）の四月、長地の歴史の宝であるスクモ塚古墳に、増沢さんやみんなの学校の先生が相談して、記念碑に「少年よ大志を抱け」という言葉が刻まれました。それはいまこの時代に、まだ子どもであるみんなが大きな夢を抱いて、のびのびと勉強し、一つのことをしっかりやり抜く決心をもてば、一人ひとりが立派な大人になり、そういう大人が未来の日本を、明るく平和で豊かな国にすることができるのだと、みんなを励ましてくれたのだと考えます。

今日のこのおじいさんの長たらしい話が、みんなにわかったか、またこれからのことに役立つのかどうか、いまはわかりませんが、どうかみんなは子どものときから、それぞれ何か自分の一生の力になるものを見つけてください。そして、のびのびと大きな夢をもって勉強することを願って、わたしの話を終わります。

ではみんな、夢をもって、元気で生きようね!!　さようなら。

2

教育と考古学の風土

03・5・31
諏訪季節大学会・講演

1　諏訪の考古学と教育会

季節大学会の思い出

今年（二〇〇三年）のはじめ、まだ正月の頃だったと記憶していますが、諏訪教育会の市田先生からお電話があり、講師の依頼を受けました。そのとき、大学も退職し考古学界の現役引退を表明していたわたしは、いま第一線で活躍している若い人を講師にお呼びするように申して辞退をいたしました。

しかしその後も市田先生から熱心なご連絡をいただいているうちに、それが伝統ある諏訪季節大学会の講師であることに気づかされました。そしていまから五三年前の一九五一年（昭和二十六）、高校生の頃この季節大学会の最初の講座（第一回）で、哲学者務台理作先生の「実存哲学について」という講義を拝聴したことを、懐しく思い出すことができました。

じつはその同じ年、東京大学教授の歴史学者山中謙二先生の「宗教改革とデモクラシー」という講義を聞いたこともよく記憶に残っています。いま思えば山中先生の講演は諏訪季節大学会の始まるずっと以前、大正時代から続いていた諏訪史談会の講習会の講義でした。史談会と季節大学会はいずれも、諏訪教育会の先生方が主催した講演会です。

務台先生と山中先生の話は、当時まだ高校三年生だったわたしには、内容は十分に咀嚼できなかったと思いますが、思春期の幼い心にかなり強烈なカルチュア・ショックを受けたことは事実でした。それは学問することへの勇気と夢を与えられたといってもよいものだったと、ほのかな記憶の中で、いまなつかしくも感謝の気持ちを新たにします。そしてそんな想いもあって、今日の講演会をお断りするわけにはいかないと考えるに至った次第です。

考古学との出合い

諏訪教育会にまつわる半世紀以上前の思い出話から入りましたので、そのことに関連してわたしの思い出をもう少し続けさせていただきます。

わたしは諏訪中学校（旧制）一年生のとき、太平洋戦争の敗戦直後はじめて考古学を知り、そのまま六〇年余りの長い間、考古学の道を歩みつづけることになったのですが、そのきっかけを作ってくれたのは、当時日本史（国史）の授業を担当されていた牛山秀樹先生です。

先生は戦前から長野県下では名の知られた郷土史家で、生涯に多くの論文・著書などを残されています。学校の授業でも国定の教科書などにこだわらず、得意な郷土史をとうとうと話されて生徒には人気がありました。大祝《おおほうり》・デエラボッチなどにかかわる郷土史を、独特な節廻しで大声で語ってくれたことが印象に残っています。まさに、かの信州教育の伝統を地で行くような教師だったといえましょうか。先ほど話題にした史談会の講習会でも、たとえば一九四六年（昭和二十一）、敗戦の翌年に「農地制度改革の歴史」という講演をされたという記録が残っています。

その牛山先生が敗戦後の最初の授業のとき、古い日本史の教科書の墨塗り作業を途中で中止させ、「こんなつまらねえことしているより、裏の畑に行けば本物の歴史が転がっているぞ」といって生徒たちを教室から連れ出し、畑にちらばっていた土器や石器を拾わせました。拾った泥まみれの縄文土器の破片を手にして、全身がしびれるような感動を覚えたのがわたしの考古学のスタートでした。いまにして思えばいくら敗戦直後の混乱のときとはいえ、この牛山先生の行動はかなり思い切ったことだったと思います。いまでも私はこのときの牛山先生に尊敬と感謝の気持ちを忘れず、そのときの体験と感動をいままでに何度も文章にしたり話したりしました。

そして余談ですが、後年、東京郊外のある女子大学で一般教育の考古学の講義をしていたとき、牛山先生のまねをして一〇〇人近い女子大生を、校舎の近くの畑につれ出して土器を拾わせたところ、その大学の教務主任に早速呼ばれ、学生を外に連れ出すときは少なくとも一週間前に大学の許可を得るようにと注意され、「ああなるほど」と恐縮したことをほろ苦く思い出します。しかしそのとき、教室から連れ出した学生の中から数人の女子学生が考古学が好きになり、卒業後、教育委員会の職員などになって、文化財行政で活躍している人もいることを最近になって知りました。

考古学史に残る『諏訪史第一巻』

前書きのような話が長くなりますが、もう少し諏訪教育会と考古学のかかわりについて、敬意をこめた話をさせていただきたいと思います。

「諏訪史談会事業年表」という記録を見ますと、最初の講習講演会というのは八七年前の一九一七年(大正七)に第一回を開催しています。その講師は明治・大正・昭和のはじめを通じて、日本考古学界の最高の指導者の一人であった鳥居龍蔵博士で、演題は「先史時代について」でありました。

これはその年から諏訪教育会(当時は信濃教育会諏訪部会)が学校の先生方すべての意志と協力で始めた、世紀の大事業ともいえる『諏訪史』編纂(全五巻が七〇年後の一九八六年に完成)の最初の巻、つまり『諏訪史第一巻』の調査のはじまりに当たって、その中心になった鳥居先生が教育会の先生方に、考古学の基礎知識と方針等をお話になったのだと思います。

大正十三年に発行された『諏訪史第一巻』は総頁数七〇〇頁に近い当時としてはめずらしいＢ５判の大冊で、その中味は考古学オンリー、内容も高度でいまなお日本考古学史に残る学術書であり、同時に地方史誌としても他に群を抜く充実さと、一つの地方史の方向性を示した大著でした。それを地域の教育会という先生方の団体が成し遂げたという点をふくめて、わたしなどは最近改めてその業績に対する敬服の念を強くしています。

その具体的な評価をここでは詳細に説明する余裕がありませんが、最近出版した『考古学のこころ』(新泉社、二〇〇三年)に少し書いておきましたので、関心がおありの方はお読みいただければ幸せと存じます。

諏訪の考古学の伝統

さて、この『諏訪史第一巻』は、完成した本の内容・評価もさることながら、諏訪地方に多くの考古学研究者と愛好家を生み出しました。

諏訪中学校の生徒でありながら鳥居博士の調査を手伝い、最後は『諏訪史第一巻』の石器時代に関する部分を鳥居博士と共同執筆した、岡谷市出身の八幡一郎先生は終生、東大・教育大・上智大などの先生を勤め、とくに戦後は日本考古学協会の会長として学界の最高指導者になられました。

諏訪市の出身で銀行員であった両角守一《もろずみしゅいち》先生は、アマチュアの研究者として『諏訪史第一巻』の調査に協力し、その貴重な資料や研究の成果を『諏訪史第一巻』に多くの記録として残しています。そして、その実績をもとにして中央の学界でも注目される多くの論文等を発表して、在野の研究者として活躍されました。

両角先生は病気のため早死をされましたが、その学問の実績と精神は、同じ在野の研究者の同志として尖石《とがりいし》の宮坂英弌《ふさかず》先生に、そして後輩として両角先生の身近に住んでいた藤森栄一先生に伝えられました。

宮坂・藤森両先生のことは、いままでいろいろなかたちで多くの機会に多くの方によって語られていますので、ここでは多くを触れませんが、八幡一郎先生のことを含めて三人の、諏訪が生んだ偉大な考古学者の学問的業績やとくにその学問的精神、考古学を学ぶこころといったことの一端を、先述の近刊の著書に書きましたのでこれもお読みくだされば幸甚です。

このようにして『諏訪史第一巻』編さん事業の伝統は、諏訪の考古学に脈々と受けつがれ、現在でも全国どこの地域よりも若い研究者が最も多く集まり、その研究・学習の密度はどこよりも高く、みんなのつねに注目するところといって差し支えないと考えます。諏訪教育会が蒔いた大事な種が実っているのだと思います。昨年（二〇〇二年）、諏訪市博物館・諏訪湖博物館・尖石縄文考古館が三館共同で行った「諏訪旧石器時代展」は全国的に注目されましたが、これも諏訪に集う若い研究者の輝かしい実績といえます。

戦後最初の発掘

諏訪の考古学の伝統ということに関連して、六〇年前の諏訪教育会と考古学にかかわるわたしの想いを一つ語りたいと思います。

戦争が終わった翌年、一九四六年（昭和二十一）十月二四日、おそらく長野県下はもとより全国的に見ても戦後最初のことと思いますが、宮坂英弌先生が尖石に並ぶ隣りの台地にある与助尾根《よすけおね》遺跡の発掘を開始します。そのときの宮坂先生の書かれた日記が残されています。こんなことが書かれています。

「戦争の終結とともに日本史の研究も科学的となり、学校教科には新しく社会科が設けられ、先生たちも考古学に関心をもつように要求された。このため私はその需要に応ずるべくふたたび発掘の鍬を手にするようになった。昭和二十一年十月二四日、諏訪史談会で原始文化研究の指導をたのまれたので与助尾根遺跡を選定し、細野正夫、矢崎孟伯両委員とともに調査した……」と書き残しています。

このように、縄文時代の集落研究のうえでその後、考古学史的に重要な意義をもつ与助尾根遺跡の発掘は、諏訪史談会つまり諏訪教育会の先生方の強い熱意と要望、そしてその協力のもとでスタートしたといってもよいのです。

それればかりではなく発掘が終わった後、史談会では二〇〇名の会員を集めて、発掘された住居跡で現地指導を行い、さらに東大教授で考古学の権威であった原田淑人博士を招聘して、現地豊平《とよひら》小学校で大講演会を実施しているのです。これには一般の人々も含めて数百人の聴衆が押しかけ、会場に入れない人もあって混乱したと、当時の光景を思い出す人もおられます。このことをきっかけに、わたしは高校生のとき十数回も与助尾根に通い、宮坂先生から考古学の発掘の基礎を学びました。

史談会は翌年にも今度は岡谷市の海戸《かいと》遺跡で、八幡一郎先生や藤森栄一先生を指導者として、会員のための発掘実習を行っています。その様子を中学二年生になったわたしはやや離れた場所で見ていました。「自分でも掘りてエ」と心の中で叫んでうずうずしていたのだと思います。夕方近く先生たちがみんな引きあげたあと、二、三の友人とこっそり近くの畑の隅を発掘しました。〝発掘〟というより〝盗掘〟でした。ザクザクと弥生式土器の破片が折り重なって出てきました。あたりが薄暗くなるまで興奮して掘りつづけ、掘った土をそっともと通りにならして終わりました。

こうしてわたしは史談会＝諏訪教育会の先生方の背中を見ながら、その後を慕って考古学に病みつきになり人生の一歩を歩み出したのです。もちろんわたしが考古学から足を抜くことができなくなったことを、教育会の先生方にうらみをこめて言っているのではありません。むしろ私の育った半世紀前の時代、そうした研究好きの先生方の後姿を見ながら、考古学にのめりこんだことを、教育とはかくあるべきだという思いを胸に、いま限りない感謝の心をこめて、思い出を語ったのです。

諏訪教育会がその長い歴史を通じて、いつも考古学を大事にしてきたという話をしてきたわけですが、そのことに関連して、最後にふれておかねばならないことがあります。それは二〇〇一年（平成十三）に教育会が編集・発行した『諏訪の歴史ハンドブック――原始・古代の遺跡をたずねて』という本のことです。

これは七〇年前に諏訪教育会が発行した総頁数七〇〇という『諏訪史第一巻』とくらべて、二四〇頁で小型の文字どおりコンパクトなハンドブックですが、数年間をかけて多くの先生方が校務の忙しい時間をぬって研究し、相談を重ねて、学校の生徒や子どもたちに、郷土の生い立ちを楽しくわかりやすく知らせたいという思いで執筆し、一冊の本にまとめたものです。カラー図版やイラストをいっぱい入れて、やさしい言葉で考古学を語っているすばらしい本だと思います。

こんな仕事が先生方の努力でできるのも、諏訪教育会ならではの伝統と、学問を愛する諏訪の風土だと考えます。

2　考古学の存立基盤は確かか

危機的な日本考古学

さていままで昔の思い出話のようなことで、だいぶ時間をとってしまいました。話題を少しかえることにします。

冒頭に申しましたように、わたしは大学を退職し学界からも現役引退して、この一年くらいで、ようやく自分が六〇年余りも、ただひたすらにつっ走ってきた考古学とは何だったのかを、少し頭を冷やし、時間をかけて思いおこす余裕がもてるようになりました。

しかし日本の考古学が直面している現状を見ると、どうも冷静に安閑として自分の過去を回顧している気持ちにはなれない、むしろ焦りを強く感ずるというのがいまの率直な感想です。それは日本の考古学はこのままでいいのかという危機感といってもいいと考えます。

その原因はいろいろあげられると思いますが、ここではわたしなりにとらえた大きな最近の問題を簡単に示しておきたいと思います。

考古学は歴史学である

その一つは、考古学が一番大事なこととして、何を目的として何を明らかにする学問であるのかという根本の考え方、研究者の姿勢、学問としての哲学が見失われがちだということです。

先週行われた日本考古学協会の総会（二〇〇三年五月二十六日・東京）で、二つのことが大きな話題となりました。一つは旧石器発掘捏造《ねつぞう》の検証調査が終わって、藤村新一関与の二〇〇近い遺跡のほとんどすべてが捏造されたものと断定され、「前・中期旧石器時代」の研究は、三〇年前まで白紙還元されると確認されたこと。

もう一つの問題は、新しい年代測定法（ＡＭＳ法）で、弥生時代の開始年代が五〇〇年も古くなるというセンセーショナルな発表があって、ほとんど全国の新聞が一面トップ記事の扱いで報道したことです。

今日ここではそれらの問題を詳しく論ずるのは避けますが、これらのことをふまえて早速マスコミ関係者や研究者の間でも、考古学はもはや人文科学ではなく、自然科学の一部として研究を進めるべきだという声が強くなっております。そしていまにも歴史教科書は書きなおしを迫られるなどといった早急な意見もあります。

わたしはこういう意見には大反対です。新しい科学技術の成果が積極的に考古学の研究にとり入れられることはもちろん大賛成ですが、考古学が最大の研究の目的とする生きた人間の生活や社会の営み、そしてその歴史的発展のダイナミズムといったものは、自然科学的分析ではなしえないことです。だから考古学はあくまでも歴史学でなければならないというのがわたしの信念であります。正確な年代が計られることはもちろん必要ですが、それが実年代でなく相対年代でも、歴史の一番大切な動きは十分にとらえられるのです。

しかし残念ながら自然科学万能主義といいますか、ＩＴ時代への迎合という情況の中で、わたしのような考えは前世紀の古い考古学者の生き残りにすぎないと軽べつされているようです。

かの旧石器捏造事件の原因の一つとして、関係者の自然科学に対する素養が欠けていたことが取りあげられていますが、わたしなどはそれ以前の問題で、自然科学の成果を恣意的に無批判・盲信的に取りあげた、いうなれば考古学は歴史学であるという哲学を忘れた、考古学研究者たちが陥った必然的な誤ちだったと思っています。

考古学と政治

以上のことは考古学の中味に関する根本問題の一つですが、より現実的に考古学の学問としての存立基盤を犯している原因は、開発優先の発掘調査をとり仕切り、実質、日本考古学の体制を主導する文化財行政の矛盾です。

これについては、たとえば高松塚古墳の国宝壁画の保存の失敗等といった、怒りをこめて警告すべきことがたくさんありますが、全国の自治体の教育委員会や埋文センターに職をもつ数千名ともいわれる若い研究者たちが、予算のしめつけで調査や研究の省力化を迫られ、人員削減の動きの中で配置転換やリストラの対象におののき、研究意欲も考古学への夢も希望も失いつつあるのが、隠せない現実だといわざるをえないのです。

わたしにはいまの日本社会の動きすべてを広く見渡す視野はありませんが、学問やそのもつほんとうの意義が無視されるという風潮は、考古学だけでなくあらゆる学問分野に共通し、教育の問題にも波及することだと思われます。有事法制の問題、大学法人化の促進、教育基本法改正の動き、憲法改悪のたくらみなどいまのさまざまな政治の動きが、学問や教育の精神を骨抜きにすることにつながらないことを祈るばかりです。

その中で考古学も改めて、学問するこころをとりもどさなければいけないと、近頃、痛切に思うのです。

3　日本歴史をゆがめるもの

敗戦前の歴史教科書

いまわたしは、日本考古学が危機的な状況を迎えつつあると話しました。政治やその権力が学問や教育を支配する体制が強まると、いったいどういうことがおこるのかということを垣間みるために、今日は簡単な資料を見ながら、日本歴史がどのようにゆがめられてきたかを、思い返してみようと思います。

まずはじめに、明治時代に作られた教科書『小学日本歴史』の第一頁を二つ示しました（図2）。右は一八九四年（明治二十七、日清戦争の年）発行の教科書です。編さんと発行は金港堂という一般の出版社、そして文部省の検定を受けて学校の自由採択で使われたものです。

余談ですが明治時代の小学生は、いまわたしなどでもとまどうこんな難しい文章を、平気で読んだのかと感心させられます。それはともかくこの教科書では、「神武天皇以前」という第一章を設け、「太古の土人」と見出しをつけ、「何れの国にありても太古の事は詳かならず。されば最初吾が国に住居せし人民は如何なるものなりしか知り難し」と書き出し、土蜘蛛《つちぐも》やアイヌといった、野蛮な先住民が古い日本列島に住んでいたと記述しています。

この教科書には出てきませんが、この頃出版されたいくつかの検定教科書には、石器や土器のことを絵をのせて説明したものがありますが、それらは日本（大和）民族とは直接関係のない野蛮な先住民のものと、いずれの教科書でもそう説明しています。

一九〇二年（明治三十五）、教科書疑獄事件というのがおこります。これは教科書の採択をめぐって出版社と政・官界、教育関係者の間で行われた贈収賄が発覚し、全国で多くの関係者が検挙された大事件でした。文部省はこの機をとらえてすばやく「小学校令」を改正し、国定教科書制度を決めました。じつは教科書に関する不正疑惑はかなり以前から問題になっていましたが、この期にいたって一気に事件として表に出し、すかさず文部省が法律改正を行ったのは、本当は国定教科書によってのみ小学校の教育は許さないという、教育の国家統制を強めるのが、本来のねらいだったとみる近代史家も少なくありません。

そうした近代史研究者の解釈に対する評価は別として、ともかく最初に作られた国定教科書が図2左の明治三十八年発行のものです。それ以前の検定教科書に、まがりなりにも書かれていた「太古の土人」も消え、天照大神から始まるこの神話の日本歴史は、その後、文語体が口語体に代わったり、新しい表現が加えられたりしましたが、太平洋戦争の敗戦まで一貫して日本歴史の「正史」として、すべての国民に教えつづけられたのです。

わたしが小学生の頃読んだ教科書ではこんなふうに書かれていました。少し長いと思いますが小学生時代を懐しみながら朗読させてください。

「大内山《おほうちやま》の松のみどりは、大御代《おほみよ》の御《み》栄《さか》えをことほぎ、五十鈴《いすず》川の清らかな流れは、日本の古い姿をそのままに伝へてゐます。

遠い遠い神代《かみよ》の昔、伊弉諾尊《いざなぎのみこと》・伊弉冉《いざなみのみ》尊《こと》は、山川の眺めも美しい八つの島をお生みになりました。これを大八洲《おほやしま》といひます。島々は、黒潮たぎる大海原《おほうなばら》に、浮《うき》城《しろ》のやうに並んでゐました。つづいて多くの神々をお生みになりました。最後に、天照大神《あまてらすおほみかみ》が、天《あめ》の下《した》の君としてお生まれになり、日本の国の基《もとゐ》をおさだめになりました。

大神は、天皇陛下の御《ご》先祖にあらせられる、かぎりもなく尊い神であらせられます。御徳《おんとく》きはめて高く、日神《ひのかみ》とも申しあげるやうに、御恵《み》みは大八洲にあふれ、海原を越えて、遠く世界のはてまで

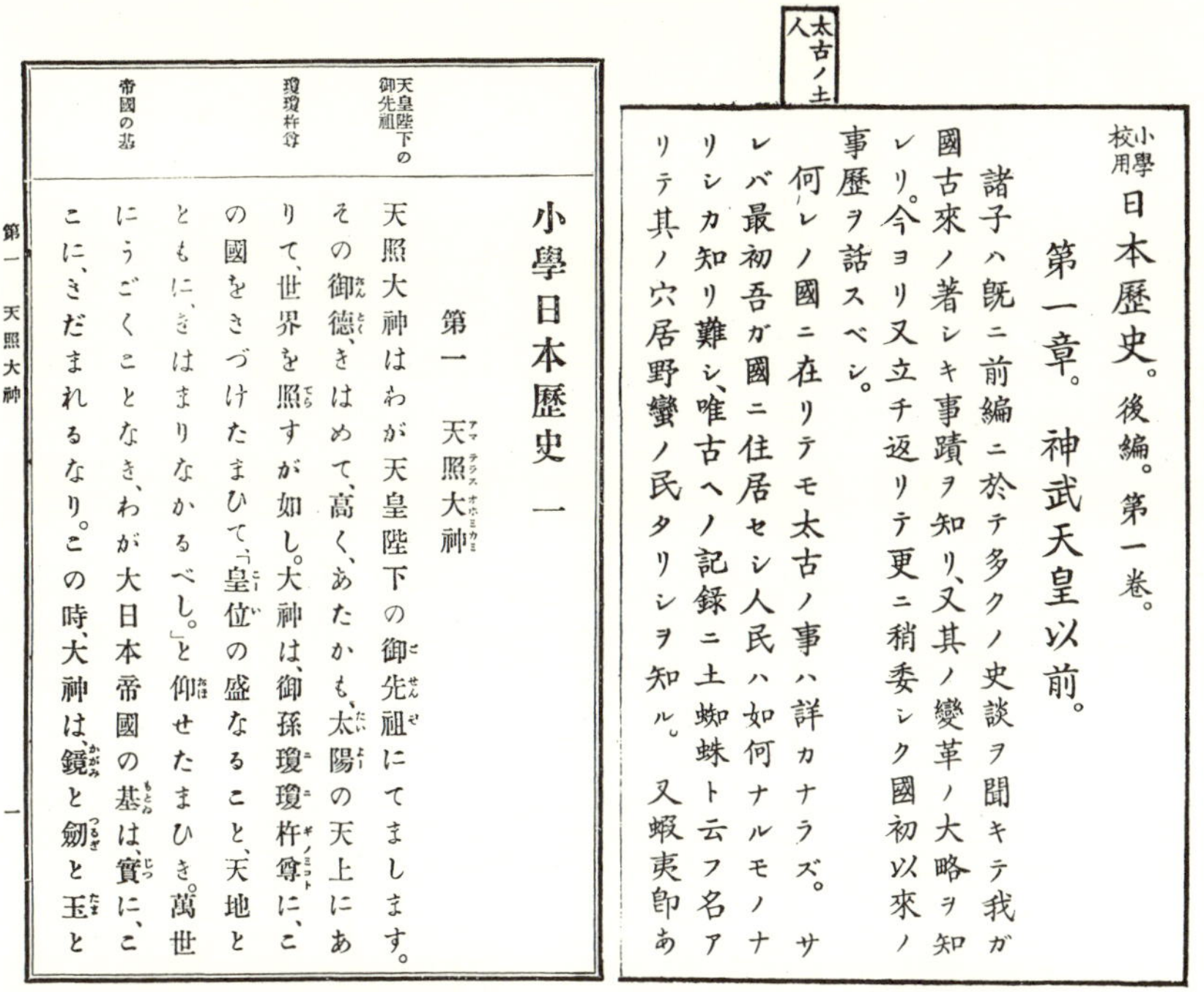

天皇陛下の御先祖
瓊瓊杵尊
帝國の基

小學日本歷史 一

第一 天照大神《アマテラスオホミカミ》

天照大神はわが天皇陛下の御先祖《ごせんぞ》にてまします。その御徳《おんとく》きはめて、高く、あたかも、太陽《たいよう》の天上にありて、世界を照《てら》すが如し。大神は、御孫瓊瓊杵尊《ニニギノミコト》に、この國をさづけたまひて、「皇位《こうい》の盛なること、天地とともに、きはまりなかるべし。」と仰《おほ》せたまひき。萬世にうごくことなき、わが大日本帝國の基《もとゐ》は、實《じつ》に、ここに、さだまれるなり。この時、大神は、鏡《かがみ》と劒《つるぎ》と玉《たま》と

第一 天照大神 一

1905年（明治38）発行の国定教科書

太古ノ土人

小學校用 日本歷史。後編。第一卷。

第一章。神武天皇以前。

諸子ハ既ニ前編ニ於テ多クノ史談ヲ聞キテ我ガ國古來ノ著シキ事蹟ヲ知リ、又其ノ變革ノ大略ヲ知レリ。今ヨリ又立チ返リテ更ニ稍委シク國初以來ノ事歷ヲ話スベシ。

何レノ國ニ在リテモ太古ノ事ハ詳カナラズ。サレバ最初吾ガ國ニ住居セシ人民ハ如何ナルモノナリシカ知リ難シ、唯古ヘノ記録ニ土蜘蛛ト云フ名アリテ其ノ穴居野蠻ノ民タリシヲ知ル。又蝦夷卽あ

1894年（明治27）発行の検定教科書

図 2　明治時代の教科書と縄文人

満ちわたるのであります。」

（「神国」『初等科国史』上、一九四三年二月刊）

わたしなどは「大内山松のみどり」で始まる歴史教科書の朗読が、クラスで一番うまいと担任の先生にほめられて、日本の歴史はこれしかない、神国日本は絶対に戦争には負けない、だから立派な軍人になって御国のために死ぬことが日本国民の務めである、と子どもごころに信じていた覚えがあります。

古代史に発言権をもたない考古学

ところでこうした時代、考古学はどうしていたのでしょうか。一つの学問として存在しなかったのか。いや厳然として学界も学者も存在していました。しかし歴史教育にもそして社会の中でも学問としての役割をまったく無視され、研究者の多くはものいじりの骨董趣味の研究に没頭し、社会の日陰者として日本歴史に対してまったく発言権を失っていました。

ここで日本考古学の出発点になったといわれる、東京の大森貝塚の発掘報告書（一八七九年〈明治十二発行〉にかかわる一つの事例をとりあげて説明いたします。

この報告書は大森貝塚を発掘したアメリカ人の進化論学者、E・S・モースによって英文で書かれました。全体として日本考古学の最初の学術報告書にふさわしい、きわめて緻密で高い水準の論文として、一二〇年余りを経た現在も学史的に高い評価を与えられています。

報告書の中でモースが日本の古代の年代について触れた部分がありますが、それを正しく現代語に日本語訳すると、「日本の歴史著述者による詳細かつ苦心の年代記は、かなりの正確さをもって、一、五〇〇年ないし多少それ以前までさかのぼることができるが……」（近藤義郎・佐原真訳、傍点筆者）と書かれています。

ところがこの英文版の報告書が出たすぐあと、その全文が翻訳されて『大森貝墟古物編』という日本語版で出版されます。訳者は矢田部良吉というモースの最初の弟子の一人で、のちに東京帝国大学の生物学の教授になる人ですが、その矢田部訳本で右にあげたモースの年代記を語ったところを見ると、「日本二千五百年ノ歴史ハ短シト言フベカラズ……」となっています。

この年代観のズレをわたしは、当時の明治新政府の方針として『記紀』にもとづく日本の建国神話を正当化することに同調した、意図的な改ざんであると考えました。このわたしの指摘に対しては研究者の中からも、うがちすぎた解釈で矢田部訳にはほかにも単純な数字の誤訳があるといってかばいますが、それなら次のアイヌに対する評価は、矢田部の誤訳ですまされるでしょうか。

「アイヌがひじょうに温厚かつおだやかな気質であって……」（モース原文〈近藤・佐原訳〉）

「野蛮人ノ蝦夷人スラ……」（矢田部訳本）

以上は一例を挙げただけですが、わたしは科学的な正しい研究の成果を時の政治権力が、真実をゆがめるための改ざんをあえて行った証拠と考えています。以来、考古学はずっと日本の歴史について真実をいわない学問として社会の日陰にいたといわなければなりません。

その中ではじめに話しましたように、諏訪教育会は戦前から考古学を大事にし、宮坂英弌先生の尖石遺跡の発掘のように、当時の学界ではできなかったような縄文集落の発掘と研究が、在野の研究者の努力によって戦前・戦後を通じて営々と続けられてきたのです。いま改めてその意義を見直さなければなりません。

考古学軽視の歴史教育

敗戦を迎えて神話の古代史は否定され、墨塗りで古い歴史教科書は消されました。そして敗戦の翌年一九四六年（昭和二十二）『くにのあゆみ』という教科書が生まれました。これは当時の日本占領軍の命令で文部省が急いで作った、いわば最後の〝国定教科書〟ですが、はじめて日本歴史の第一頁に天照大神にかわって縄文人が登場した、歴史教育の上でもそして考古学にとってもまさに歴史的な教科書です。

いろいろ細かな問題は指摘されましたが、とにかく考古学的な事実が神話に代わって、日本歴史の第一頁に位置づけられたということで画期的なことであり、現在の日本歴史の教科書の原型といってもよいと思います。

ところが『くにのあゆみ』のできた数年後から、日本古代史、その歴史教育や教科書への文部省等による干渉が、学習指導要領の改定（わたしは改悪と思いますが）というかたちで行われはじめます。一九五一年のはじめの指導要領では、考古学や民族学などの成果が大切で、神話などは批判的に扱えといっていたものが、一九六九年の改定では考古学などは軽視されて、神話やそのもとになる『古事記』や『日本書紀』の記録が大切だといっています。

それ以後、考古学軽視、神話偏重の指導が次第に強まり、考古学的興味に児童を深入りさせるななどと指導し、近・現代に力を入れて学習させることが強調されてきたと思います。そして最近では、小学校の教科書から、縄文時代やそれ以前の旧石器時代の記述は削られ、中・高校の教科書からもだんだん考古学が姿を消すという状態です。

『新しい歴史教科書』のたくらみ

学習指導要領改悪の動きと連動して、戦前と同じような日本歴史をゆがめる危険な事態が根深く進行していました。これは、いまから二〇年近く前、一九八五年だったと思いますが、高校用の『新編日本歴史』という教科書の原案が出て、大きな社会問題、国際問題になったとき、ある新聞が報じたその執筆者たちの発言の記事があります。その一部を見出しの部分だけ列挙しますと「神話と史実の混同かまわぬ」「教基法を変える運動すすめる」「日本の戦争を侵略とは侮辱」等々といった言葉が並んでいます。

細かくはここでは解説はしませんが、その表題を見ただけでも大変なことを言っていると感じられると思います。そして二〇年後のいま、その大変なことが社会のそして政治の表面に躍りでて大問題になっていることを、改めてわたしたちは認識しなければならないと思います。

こういう考え方をもった人たちが中心になって作った『新しい歴史教科書』が、その採択をめぐって最近、全国的に大きな話題となったことは記憶に新しいことだと思います。

その教科書を見ますと、縄文時代に関する記述は第一章「原始と古代の日本」の中の「日本のあけぼの」という節で三頁にわたって記述されています。中学生用の教科書としてけっして少ない分量でなく、最新の成果や写真などを豊富に使ってかなり力を入れた扱いをしています。

その記述の特徴的な点は、縄文土器は世界最古の土器であるというようなことを強調し、青森県三内丸《さんないまる》山《やま》遺跡を前面に押し出して、食物の栽培が行われ、外洋航海も盛んで、都市が作られそこには神殿もあったなどの説明があり、縄文文化はきわめて進んだ文明の時代のものだということを印象づけさせます。

事実のように記述されているこれらの考古学的成果は、まだ学問的に違った意見も多く、立証もされていません。学界でも認められていないこういう考え方を、わたしはイメージが先行した説明だと思っています。

それ以上のことはさすがに教科書には書いてありませんが、この教科書の代表執筆者である西尾幹二という人が書いた『国民の歴史』という大きな本があります。そのすべてにいま触れることはできませんが、いま紹介した教科書の縄文時代に関係するところを拾い読みしてみますと、「一文明圏としての日本列島」と「世界最古の縄文土器文明」などといった章では、日本列島は世界の四大文明圏とは違う、豊かなめぐまれた環境をもち、一万年という長さをもつ独特な縄文文明を栄えさせたとし、それを他の研究者のいう縄文文化は世界の「第五の文明」の一つだという説を支持しています。

過大評価ともイメージの時代観ともいえる「縄文文明論」をひっさげて、西尾氏は日本と中国の歴史とを比較し「一〇世紀、唐の崩壊以降、一国の民族史としての中国史などというものはまったく存在しない。しかしこの列島の歴史は、縄文・弥生の一万年を背中に背負って、それと直結し、えんえん同一化された文化の連続性を保っているのである」といって自国史の賛美を行っています。

細かな学問的議論はおいて、わたしはこういう言葉を聞いて何か戦前の歴史教育で叩きこまれた、「日本は神国であり、アジアを治める盟主である」という、あの八紘一宇《はっこういちう》の考え方を思い出します。西尾さんの歴史観はそうした皇国史観というか、古い国家主義の思想に貫かれているように思われます。縄文人がそんな中でピエロのように一役を買わされることに、わたしは縄文人に代わって悲しくなります。そして中国やアジア諸国の人々が、この『新しい日本歴史』という教科書に強く抗議するのは、考古学的な面からだけ見ても当然だと思いました。

おわりに

捏造事件と今後

時間がなくなりましたが、最後に旧石器捏造事件について反省とおわびの言葉を加えたいと思います。

この事件では社会を騒がせ、とくに教育の現場で先生方と児童・生徒に、考古学に対する不信と学習上の混乱を与えてしまったことを、考古学研究者の一人として心からおわびし、深く反省いたします。

先ほど少しふれましたように、つい先頃開かれた日本考古学協会総会で捏造の事実があったことを全面的に認め、学界とし社会・国民に謝罪するとともに、信頼回復のための新しい研究の再構築をめざして、学界あげて努力する決意が表明されました。事件としての結着が宣言されたわけです。

捏造が発覚したその日、二〇〇〇年の十一月五日、わたしは小さな文章を書き、『信濃毎日新聞』にのせました。それはいまから七〇年前、まだ若き故藤森栄一先生が、学界のある大不祥事をとりあげて、学界がそれをモミ消して、学問の道を正す方向を閉ざしたことに対する怒りの言葉を書きのこされた論文を引用して、今度の事件を正しく解明するために、自ら「火中の栗を拾う」決意で、検証調査に力をつくすことをわたしのつとめとしてひそかに表明した文章でした。

その細かい内容も、その後の経過も今日は省略いたしますが、要は信州、諏訪の考古学の伝統の中にはいまあげた藤森先生に限らず、八幡一郎先生や宮坂英式先生等々といった諏訪が生んだ大先輩たちの考古学を学ぶこころ、そして学問を大切にしそれを教育の中に生かすという、諏訪教育会を中心とした学問的風土といったものが脈々とひきつがれているのだということを確認したいのです。

そうした学問的風土を今後も守り育てることが二十一世紀を迎えた世界と日本の、そしてこの地域の人々の幸せにつながる根源であることを信じて、まとまりのなかったわたしの話を終わらせていただきます。

（『諏訪教育』一〇五号所載）

3

戦後六〇年とわたしの考古学

05・11・15
自由学園・講演

はじめに

みなさんこんにちは。この自由学園の広い構内にあって、過去三年もの間、学園のみなさん自身の手で調査が進められてきた、自由学園南遺跡と名づけられた縄文時代の遺跡の、第V次発掘が無事に終了したということで、この講演会がひらかれることになったと承知しています。

先ほど調査の概要報告がありましたが、この発掘でまた重要な成果がたくさんもたらされました。本当ならばそれらの成果をここで語るべきでしょうが、その詳細は近く発行されることになっている報告書の完成を待って、またみなさんといっしょに勉強する機会を得たいと考えています。

そこで本日は「縄文人との対話——戦後六〇年とわたしの考古学」という演題を主催者から与えられましたので、考古学という学問、そしてその発掘・調査ということが、教育や社会とのかかわりでどんな役割を果たすべきかという点について、わたしの過去六〇年の研究生活の中で考えてきたことを少し話してみたいと思います。たまたまその過程で、この自由学園の構内や学園のある東久留米市内で貴重な体験をしましたので、それらのことを中心にやや断片的な話になるかもしれませんが聞いてください。

本題に入る前に、改めてわたしが申すまでもなく自由学園は一九二一年（大正十）に創立され、戦前・戦後を通じて自由と個性を尊重し、「実学主義」を重視する特色のある教育の伝統を積んできた学園であります。今回、第V次発掘が終了した自由学園南遺跡の調査も、学園のそうした伝統と学園長先生をはじめとする学園のみなさんのご理解によって成し遂げられたものと、心から敬意を表します。そうしたこのすばらしい学園で考古学の話をする機会を与えられたことは、わたしのたいへん光栄とするところであり、感謝いたします。

1 暗い戦争の時代に

さて、わたしの生まれた年は一九三二年（昭和七）です。その年に「満州事変」といって、日本が隣国の満州（現中国東北部）を植民地（属国）にしようとする、武力による侵略戦争が始まりました。やがてその戦争は「支那事変」と称して中国全土に拡大し、さらに一九四一年には「アジア・太平洋戦争」として、東・南アジア全域を対象とする激しく悲惨な大戦争に発展したのです。

この一五年にもわたる長い期間の戦争は、一九四五（昭和二十）に日本の敗戦という結果でやっと終わりましたが、その間、中国で、そしてアジア全体で二〇〇〇万人、あるいはそれ以上の人が、戦争の犠牲となったといわれています。

日本人の犠牲者も軍人だけではなく、空襲などで死んだ子どもなどを含めて三一〇万人以上という、まことに悲惨な結果でした。とくに広島や長崎で原子爆弾の放射能を浴びた人びとの苦しみは、半世紀もたったいまでもわたしたち日本人みんなに、その悲惨さとともに平和を守る大切さを教えてくれます。

敗戦のとき、わたしは中学一年生でしたから、わたしの小学生時代は全部戦争の時代だったということになります。少年時代すなわち戦争の時代の思い出は、断片的ですがいろいろあります。いま思えばそのほとんどは辛くて暗い思い出ばかりです。

たとえば学校ではこんなことがありました。小学校の高学年になると教室などでよく先生が「お前たちは大きくなったら何になるか」と、一人ひとりの子どもたちに問いかけました。ほとんどの児童は、わたしももちろんそうでしたが、胸を張って大きな声で「立派な軍人となって戦場で一生懸命戦い、天皇陛下万歳といって、喜んで死にます」と答えました。

これが優等生的な答えですが、児童の中の一人が「上の学校に進んで理科を勉強し、お国のために尽します」と、みんなとは少し違う答え方をしたのです。すると先生が真赤な顔をしておこり、その子を教壇の前に立たせて、三〇人余りいた同じクラスのみんな（男子ばかりでしたが）に、その子のお尻をピンピンと手の平で打たせたのです。

先生は、その子が立派な軍人になって死ぬことをおそれて、上級学校へ進学することを考えているのは〝非国民〟だというので、クラスみんなに見せしめの〝集団リンチ〟をさせたのだと思いますが、本当にひどい〝いじめ〟ですね。その子はかわいそうに小学校卒業まで、卑怯者のレッテルを貼られて、いつも教室の片隅で小さくなっていたのを覚えています。

教育の場であってはならないそんな経験はまだほかにもあったと思います。戦争に勝つためなら、子どもの心を少しくらい傷つけることなど平気だったのでしょうか。そんな時代の小学生のわたしに、考古学に関するほのかな思い出がよみがえります。それは五年生になった頃、戦争も終わりに近づき、東京をはじめ国内の大きな都市はあいついでアメリカ空軍の空襲にさらされはじめました。

わたしの小学校は信州（長野県）の小都会の山の上にありましたが、それでもいざというときに備えて避難する防空壕を、松林の中に掘ることになりました。小学校の児童が自分の身の丈ほどもあるシャベルや鍬を持たされて、一生懸命に木の根を切り、土をかきあげて深く大きな穴を掘りました。そのうちに児童の何人かが土の中から、かわらけのようなものや、光って黒い石の破片が出てくるのに気がついて、シャベルを放り出してガヤガヤ騒ぎ出しました。

するとそこへ先生が来て、それらのいくつかを手にしてしばらく見ていましたが、やがて「こんなものは野蛮人が捨てていった汚らしいものだ。こんな変なものに気をとられていると戦争に敗けるぞ」とどなって、靴の底でふみつぶして、作業をサボっていたわたしたちを叱りました。その当時はそれがなんであったかはわたしには知る由もなかったのですが、戦争が終わって平和が訪れ、考古学に興味を持ちはじめるようになってから、小学五年生のときの防空壕掘りのことをふと思い出してそこへ行ってみると、たくさんの土器や石器を採集することができ感動しました。そればかりでなく、それが長野県では最古の縄文土器であるという、新発見というおまけまでついて、わたしの考古学のスタートのきっかけになったのです。

いま思い返してみると、防空壕から出た土器を見て、足で踏みつぶしたそのときの小学校の先生は、もしかすると縄文土器が古い時代のものだということを少しは知っていたのに、その当時では本当のことを子どもたちに教えてはいけない、と考えてそうしたのではないかと疑いたくなります。日本の真実の歴史を自由に学ぶこともできなかったのが、戦争の時代だったのです。

2　自由学園は戦時にも遺跡を発掘した

いまわたしのおぼろ気な記憶にある小学生時代、すなわち戦争の時代の学校の様子について、断片的な思い出話を紹介しましたが、これはわたしの育った信州の小学校に限らず、日本中どこの学校でも同じことでした。教室の中での勉強の時間よりも、さっき例にあげた防空壕掘りや、校庭を畑にするための開墾作業、そうでなければ長い竹の棒の槍を持って〝武術〟の訓練等々を、小学校の四年生以上になれば毎日のようにやらされていました。

考古学のことに関連して、戦争の時代の歴史教育のことをふり返りましょう。戦争中の日本歴史(当時は国史といっていた)の教科書の第一頁(四九頁図2参照)を開いてみると、いきなり「天照大神」という、仮空の(実在しない)神様が日本を生んだという話から始まる神話の歴史が書かれ、そこには縄文人も弥生人もまったく登場せず、以下、日本国は神が作った神国、世界に比類のない天皇中心の皇国であることが、くり返し強く主張されています。そしてこういう考えを国民に強要するため、この教科書は全国の小・中学校で使われることが義務づけられていました。教育の場だけでなく学問の世界でも考古学の成果を用いて、神様以外の石器時代にさかのぼる日本人の祖先の本当の歴史を、研究する自由ですら許されなかったのです。

そんな中、あの暗い戦争の時代に、全国でただ一つの例外だったのではないかと思いますが、学校の教育の場で考古学による実践教育をやっていた学校がありました。それはどこの学校かというと、ほかでもないこの自由学園においてであります。

一九三六年（昭和十一）五月十三日発行の『アサヒ・グラフ』の記事（図3）がいまでも残っています。それには「三千年前の生活を探る――掘り出された石器時代の遺跡」という大きな見出しをつけて、自由学園の構内で発見された縄文時代の住居跡と、そこから出土した土器や石器を、学園の生徒たちが熱心に研究を続けているということが、全国に報道された記事です。

二頁にわたるその記事の一頁めには、学園の発掘と研究を指導していた、当時、考古学・人類学の一大権威として世界にも名を知られていた鳥居龍蔵博士が、発見された竪穴住居の特徴や学術的意義と、出土遺物の説明、そしてそれを使った「先住民」の生活の様子などを、かなり詳しく解説しています。

そして多くの写真や絵をのせてそれぞれの説明が加えられています。写真の中には「発掘現地にて実地研究の学生達。向うに見えるのは自由学園男子部の校舎。左端は指導中の鳥居博士」といった説明のある写真が、当時の学園の面影をはっきり示していて、学園のみなさんは懐しく思われるでしょう。

また別の写真には「校庭の脇にあった物置小屋が、いきなり考古学研究所に早変りし、発掘された土器の破片に埋れて、学生達は研究に余念がない、一番下は拓本をとるところ」と、みんなの熱気が伝わってくるような説明が書かれています。

事実、この一九三六年の発掘に続いて、自由学園のみなさんは一九四一年（昭和十六）、四二年、四三年と継続して、戦争の時代だけでも計六回、学園構内の遺跡（南沢遺跡）の発掘調査を黙々として実施し、五カ所以上の縄文時代の住居跡を発見するという大きな成果を上げております。

図3 『アサヒ・グラフ』の記事（1936年5月13日）の一部

ここでちょっと触れておきますが、一九四三年（昭和十八）の発掘では、「男子部生徒篠遠喜彦《しのとう》」という名前が記録に残されています。篠遠さんは学園を卒業されてしばらくたってから、戦後、アメリカに留学されて考古学を専門に勉強され、ハワイのビショップ博物館で研究を深められました。そして「環太平洋考古学」という新しい研究分野を開拓され、ポリネシアなど南太平洋地域の古代文明の研究を進められて、その世界的な権威となられました。その後の消息は確めておりませんが、ビショップ博物館の館長をされて最近までご活躍されていました。

こうした先輩のご活躍や、先ほどの『アサヒ・グラフ』の記事は、学園のみなさんにとっては大変誇るべきことと思います。それと同時にわたしたち考古学研究者としては、学問・研究の自由もなく、歴史の真実もまったく国民の目から隠されていたあの暗い戦争の時代、先ほどわたしが小学生時代の思い出を語ったような時代に、学園の中で堂々と研究・教育活動の一環として、縄文時代の遺跡の発掘をしつづけていたということは、いまにして驚くべき事実であったと感動させられるのです。

東京の多摩地区において、戦前の本格的な考古学研究の第一歩といってもよいそのとき（一九三六年）の発掘や、その後、戦争が終わった直後から現在にいたるまで、自由学園が東京周辺の考古学研究に果たした役割は、その時どきに参与した鳥居龍蔵、八幡一郎、甲野勇、酒詰仲男、篠遠喜彦、村井嵓雄《いわお》、松浦宥一郎の諸先生方など、学界で著名な諸先生の名とともに忘れることのできない、学史上の大きな業績といわなければなりません。それらのことに関しては、最近の学園内の遺跡の調査に力を尽した勅使河原彰、山崎丈、井口直司、奈良忠寿氏らが著した『東久留米のあけぼの』（東久留米市教育委員会、一九九九年）という本に詳しく書かれていますので、ぜひみなさんも一度読んでほしいと思います。

3　遺跡は教室である

先ほど、暗い戦争の時代の中でという話で、小学五年生のときの防空壕掘りのことを紹介しました。そのとき、土器や石器にはじめて触れたわけですが、それは暗い闇の中のはかなく悲しい思い出で、本当の考古学との出合いとは言えないものでした。

戦争が終わった中学一年生のとき、教室で歴史教科書の墨塗りをした後、担任の先生に学校の近くの畑に連れ出され、「本物の歴史がここにころがっている」といって土器や石器を拾わされて、ものすごい感動に襲われた体験が、わたしにとって本当の考古学との出合いとなりました。

それからは憑かれたように考古学に熱中し、学校の授業も受験勉強もそっちのけで毎日遺跡を歩きまわるような中・高校生時代を送りました。そのため高校の卒業成績は全校でビリから数人目というていたらく、一年浪人してやっと大学の受験もできるという状態でした。このあたりの考古少年の情熱や苦悩の思い出は、いままでに何回も文章などにしたことがありますので今日は省略します（本書では第1章参照）。

大学（明治大学）で勉強を続けたわたしはやがて教員になりました。さっき暴露（？）したように、わたしは高校の卒業成績がビリの劣等生だったなどと、自慢たらしく申しました（これは絶対に自慢できないことです）。高校でも大学に入ってからも、この〝劣等生〟はどうも教室での授業を熱心に受けることが苦手でした。そんなわたしが大学の先生になってしまったわけですが、困ったことに教室嫌いのクセは抜けきらず、また研究室に閉じこもって、あれこれ書物を読んで、難しい理屈をこねまわすような研究や教育には反発を感じました。

とくに考古学研究の基礎になる資料は、研究室や博物館に見栄えよく並べられている土器や石器、ましてや教科書や本に書かれている知識ではなく、日本なら国中いたるところにある遺跡であり、その発掘によって得られる住居とか墓などの跡、そしてそこから出土する数々の遺物の残り方を、実地で丹念に調べることによってこそ、本当の歴史の事実がよみがえってくるのです。

また、遺跡の発掘ということは、地下に埋もれたいわば未知の世界のことですから、その一つひとつの事実を明らかにしていく過程では、人びとに大きな感動を与えることになります。考古学には人に与える直接の感動を伴うというところに、他の分野にも増して学問としての大事な特色があると思うのです。考古学にはロマンがあると多くの人が思うのもそのことを指しているのでしょう。それはまた少年時代にわたしが考古学に惹きつけられた魅力の根源だったと考えています。

したがってわたしは大学の先生になってからずっと、学生諸君には「遺跡は教室である」と言いつづけ、狭い教室の中で得る知識よりも、広々として、自然とともにある、そして地域社会ともつながりのもてる遺跡でともに学び、みんなの原体験を通して創造する考古学こそ生きた学問だと考え、そこでの感動を共有することが何よりも大切なことだとして、そのための実践に力を尽してきたつもりです。

そのことは今日の話の前段でも触れたように、自由学園と考古学調査の話、いや遺跡の発掘のことに限らず、自由学園全体としての教育・研究の実践に関するすべての面で、わたしが歩んできた考古学の道、その中で追い求めてきた学問への想いと共通なものがあると強く感ずるのです。それは自由と個性尊重の実践教育という学園創立の精神と一体のものといわせていただいてよろしいでしょうか。

4　考古地域史の構想と目的

以上のような「遺跡は教室である」というわたしの小さな実践は、一大学の教育のテーマで終わるものではなく、次第に「考古学の地域的研究」、そして「市民（地域の人びとの意）と共に学ぶ考古学」という実践にもひろがりました。この考え方の基礎とか理念、それに加えて若干の実践例については、一昨年『考古地域史論』（新泉社、二〇〇三年）という小さな本にまとめました。これも学園に寄贈していきますので、あとで目を通してくださると幸いです。

今日はここでこの本に書いたことの全体をお話しするのではなく、わたしがどうして「考古地域史論」すなわち考古学における地域研究の重要性を強く主張するようになったのかということを、考古少年であった頃の思い出などを少しふくめてお話しします。

わたしが考古学の勉強をしはじめた中・高校生時代、郷里の信州諏訪で、考古学の道を導き教えてくれたのは、藤森栄一先生と宮坂英弌《ふさかず》先生という二人の考古学者でした。この二人の考古学者はともに学歴は旧制の中学卒、大学にも進学せず、もちろん大学の教授でもなく、考古学界の中央での権威者にもならず、一人は町の本屋の店主、一人は生涯を通じて小学校の教師でした。何といったらよいか、アマチュアのもの好きとも違うし、考古学の素人ともいえない、地域の研究に取り組んだ学者でした。「在野考古学者」といった呼び方もされます。

学界中央や大学の権威者ではないといっても、藤森先生はたとえば「縄文農耕論」という学説を生み出して、戦後の縄文時代研究を一変させるような業績を残したし、宮坂先生は戦前からこつこつと自分の力だけで尖石《とがりいし》遺跡（現在は国の特別史跡に指定されている）を十数年間も掘りつづけて、日本でははじめて縄文時代の大きなムラの跡の存在を明らかにしました。この二つのそれぞれの仕事は、大学の先生など誰一人として成し遂げることのできなかった、考古学史に残る重要な業績であったとして、いまでも高い評価を受けています。

中・高校生時代に二人の先生の下で考古学の勉強を本格的に始めるようになったわたしは、その後大学に入って専門の道を歩むことになりましたが、大学での専門的な研究を進めれば進めるほど、在野の研究者として、中央の学者からはやや軽く見られがちな二人の先生の偉大さがわかり、尊敬の気持ちがいっそう強くなりました。そして考古学という学問は大学などでいわば象牙の塔にこもって、一部の専門家がやるべき学問ではなく、地域に生活の根をおろし、地域を愛する研究者によってこそ中味のある、そして真の学問として発展するものだと信ずるようになりました。

この在野の研究者、つまり大学などの中央の専門の学者ではないという意味で、素人でありアマチュアの研究者というものについて、自由学園の創立者であった羽仁もと子先生の言葉が思い出されます。これは藤森先生がご自身の著書の中で引用されている言葉ですが、「自由学園では、いまも毎日、素人の教育である。学校ばかりでなく、人間の仕事は、何でも素人でなければできない気がする。玄人になったら終わりである」というのが、藤森先生が羽仁もと子先生の著書から引用した、たいへん含蓄の深い言葉であります。

その後の話ですが、もと子先生の跡を継いで学園長になった羽仁説子先生は、一九七二年に藤森栄一先生が筑摩書房から出版した『心の灯』という本が、サンケイ児童出版大賞を受けた祝賀会にかけつけられて、会場で藤森先生に対して「母もと子が提唱する、自由学園のこころともいうべき〝素人の教育〟を、藤森栄一さんが成し遂げているように思います。母がこの本を読まれたら、本当に喜んだのではないかと思います」と祝辞を送られたということが伝えられています。在野＝アマチュア精神の考古学を讃えるすばらしいご祝辞だったと感動いたします。

「遺跡は教室である」を合言葉とする「考古地域史」の目的は、考古学における研究や教育の方法・手段だけの問題ではありません。だいたい考古学研究の最も基本となる遺跡や遺物などの資料は、それらはみなその地域、地域の大地の中に埋もれていて、その地域の人びとの祖先の歴史を知るためのかけがえのない歴史遺産なのです。それらを学者・研究者の研究資料とするだけではなく、地域の本当に正しい歴史を知るための宝として、地域の人びととともに学び、地域の発展に役立てていくこと、それが「考古地域史」の最大の目標です。

わたしは自宅がたまたま東久留米市に近い東大和市であるという縁から、多摩地域のいくつかの自治体の教育委員会や、そこで職をもつ学芸員など多くの研究者仲間や学生、そしてより多くの一般市民のみなさんと協力して、何カ所かで市民参加の遺跡の発掘などを企画し、実践してきました。今日はそれらのうちから、この自由学園の地元でもある東久留米市の新山《しんやま》遺跡での実践、その中でとくにすばらしい版画集をつくって、縄文人と対話した小学生たちの活躍を紹介したいと思います。

5　小学生が描いた縄文人の版画集

いままで話だけのやや長い時間が続きましたので、まず小学生たちが描いたすばらしい縄文人の版画を見ていただきましょう。今日は何枚かの版画を選んで、二頁のコピーにまとめてみなさんのところに配ってあります（本書では第6章図6〜11参照）。順番を追ってそれぞれの版画につけられた簡単な説明を見ていくと、縄文人の暮らしぶりが実際に目の前に浮かび、彼らの声や息使いまでが聞こえてくるようではないかと思います。わたしのうるさい解説などはここで一時中断しますから、隣りの席の人と話し合いながら、しばらくの時間、一つひとつの絵をじっくりと見てください。どうぞ……。

さてみなさんいかがでしたか。この版画は東久留米市第七小学校の一九七九年度の卒業生、つまり小学六年生の児童一七七名が、自分たちの卒業記念制作として全員が共同で作りあげた『東久留米の縄文の人々』という、全部で八七枚という多数の版画の中から、ごく一部を抜き出して小さくコピーしてみなさんにお配りしたものです。実物大の版画の元版を特別にお借りして、この会場でパネル展示しておきましたから、ぜひご覧ください。迫力が違います。

わたしは完成した版画集を学校から届けていただいて驚きました。いくつかの新聞から感想を求める取材があったので、それに応えて「縄文研究の専門家の一人といわれているぼくは、この小学生の版画集を見て、脳天から火花が飛び散るほどびっくりした。そして子どもたちが描いた縄文人のいきいきとした姿に強く感動した」とコメントしました。

そしてそうした感想を語ったあとすぐ、この版画集の縄文人像を全国の人びとに知ってもらうべきだと考えて、それを出版することを思い立ちました。新山遺跡の発掘で調査団の中心となって活躍した勅使河原さん、山崎さん、井口さんと相談して、それぞれの絵にわかりやすい専門的な解説をつけてもらい、版画作りを中心になって指導した細田和子先生には、小学生たちの学習や作画の過程などの紹介文を書いていただき、一九八五年に出版にこぎつけたのです。

ここにあるのがその本で、大昔の縄文人も、その縄文人と対話して版画集を作った現代の小学生も、この本の中にいきいきと描かれているという意味で、『縄文人は生きている』という本の題名にしました。初版の出版から二〇年たちましたが、今年（二〇〇五年）四月に増刷されて、わたしが関わった考古学関係の本では、珍しくロングセラーを記録しました。今日の十数枚だけのコピーではもの足らないと思った方がおられましたら、ぜひお買い求めになってください。わたしの持っているこの一冊は、これも学園に寄贈させていただきます。

6　市民参加の発掘の中で

本の宣伝がちょっと長くなってしまいましたが、肝心なことは考古学のことなどまだまったく知らない、考古学に素人のはずの小学六年生が、どうして専門家のわたしたちを驚かすような、いきいきとした縄文人の暮らしの様子を、細かい表現を加えて、八〇枚以上ものすばらしい版画として描き表わすことができたかという点です。

その大きな理由の一つは、約一年間余りをかけて行われた新山遺跡の発掘調査の現場が、常時一般市民に開放され、くり返し現場での学習会が開かれたり、市民が直接発掘を体験する機会を用意するなど、徹底した市民参加の遺跡調査のかたちで行われたことにあります。

そもそも新山遺跡の発掘は、一九七〇年代の後半まだ高度経済成長が盛んな頃で、東久留米市は急な人口増加で学校が足らなくなり、新しい小・中学校を建てる計画が起こりました。しかしその敷地として選ばれたのが新山遺跡と重なっていたのです。そこでその場所に学校を建てるか、計画を変更して遺跡を守るかをめぐって、市の関係者や議員さんたち、それに地元の市民の代表と考古学の研究者などが加わって、一年近くもの間に何回も何回も会議が開かれて議論されました。

その結果みんなが合意したことは「学校も建てるが遺跡も守る」という、開発推進と遺跡保護という普通ではまったく相容れない内容のことが、合意文書に並べて書き込まれたのです。

この合意を受けて調査団は、①発掘は学術調査として慎重かつ徹底的に行う。②重要な発見があったときはその都度、行政・市民代表・研究者が協議して、遺跡保護に万全の措置をとる。③発掘を含めて広く市民に公開し、地域の歴史遺産の大切さをみんなで確める、などといった発掘調査実施の基本方針を提案し、そのことが会議で了承されて、一九七六（昭和五十一）年から第I次発掘調査が着手されたのです。

その経過や成果は細かくここで紹介することはできませんが、考古学的には予想されていたとおり、非常に特徴的な敷石《しきいし》住居跡（これは一九三六年に自由学園構内ではじめて発見されたものと同じ形式の珍しい住居跡）を含む多数の竪穴住居跡群や墓の跡などから形成された、約四〇〇〇年前の縄文時代中期末の典型的な大集落遺跡であることがわかってきました。

この成果を見て、またみんなが集まって協議を重ね、学校建設の責任を負う市では、校舎建設の基本設計を大幅に変更し、遺跡の中心部は厚さ一メートルほどの盛土をしてそこを校庭として、その下に遺跡を永久保存することにしたのです。そのうえ校庭の隅に発見された敷石住居跡をそのまま残し、上屋を建ててそこを野外展示施設とし、さらに小学校の教室の一つに「新山遺跡資料室」を作り、遺跡出土の土器や石器をいつでも誰にでも見せることのできる〝ミニ博物館〟とすることにしたのです。

大切な地域の歴史遺産をこのように学校の建設計画を大変更してまで、保護・活用をはかったのは、おそらくこの東久留米市の例が最初で、その後もあまり例のないことと思います。こうした行政・市民・研究者などみんなの努力の結果を受けて、新山遺跡は東京都の指定史跡となりました。学校の中に史跡と小さいながらも博物館をもつ小・中学校など、全国にも例のない貴重な存在です。学園のみなさんも同じ市内にある学校のことですから、ぜひ一度その下里《しもざと》小・中学校を訪ねてみてください。

7　縄文人とめぐりあった遺跡の子

ところで、新山遺跡の発掘調査を通じて得られたいろいろな成果の中で、一番の大きな収穫の一つは、小学生が作った版画集だと先ほど紹介しました。その小学生たちのことに、もう一度話を戻さなくてはなりません。

新山遺跡の発掘は学校を建てるか、遺跡保護かという緊迫した関係の中で、市民参加をスローガンとして行ったことも先ほど話しました。調査団では市の広報などで市民の発掘への参加を呼びかけました。事実としてかなり多くの人びとが参加されました。発掘に参加できない市民のためには、休日などに現地学習会や説明会をひんぱんに開きました。多いときには一日に一〇〇〇人近くの人びとが集まったという記録もあって、市民のみなさんはそれなりにいろいろなことを学び、また感じとったことと思います。

そうした市民の強い関心の中で一番熱心な〝参加者〟は、近くの団地などに住んでいた小学生たちでした。学校が終わると毎日のように遺跡にかけつけてきました。はじめは発掘現場に積まれた土の山で遊ぶことが目的のようでした。そのうちにだんだん発掘に興味をもちはじめ、住居跡から土器などの珍しいものが見つかると、熱心にのぞき込んだり、なかには調査員の土揚げ作業に手を貸したりするようになり、だんだんみんな仲良しになり、やがて一年余りの発掘期間中に〝遺跡の子〟になっていきました。

その子たちが六年生になって、卒業記念制作に何をやろうかという話合いの中で、新山遺跡で出合った縄文人の暮らしを版画集にしようという声が強くなりました。そこで市民参加の発掘などで遺跡に関心をもっていた父母や先生に相談すると、みなさんもすぐに賛成されたようです。

小学生たちはもっと縄文人のことを知ろうと、父母や先生そして市の学芸員などの熱心な協力を受けて、さっそく子どもたちが自ら「縄文行動」と名付けたさまざまな体験学習を始めました。その一つである「竪穴住居を作った」では、校長先生の許可を得て学校の空地に、石器を使って穴を掘ったり、近くの林から、家の柱に使う木を伐り倒して運んだり、河原から炉に使う石を集めてきたりしました。

そのほか彼らの縄文行動は、石器や骨器を作った、土器を作った、食べるものを作った、敷物や飾るものを作ったというように、いろいろな体験学習に及びましたが、それはただたんに、博物館の施設などで一日限りの縄文人の真似をしたというだけではなく、一年を通じて自然に親しみ、みんなで力を合わせて知ったことを、一人ひとりが自分の体全体で確かめながら進めるという、一つの大きな感動を伴った「縄文行動」でした。

当時第七小学校の先生で、子どもたちの「縄文行動」を熱心に指導した細田和子先生が、「縄文人と向かい合った子どもたち」という題で、こんな感動的な情況を書き残しています。その最初の一節をここで朗読します。

「〝きれいな月〟と一人の女の子が指さし、〝ほんと〟と友達がかけよる。きれいな月とはなんと月並みなことばだろう。しかし〝団地ッ子〟が重い柱木をみんなで力を合わせて運び終わり、もう夕暮れになって、急いで帰ろうと、かけ出した瞬間、足をとめて叫んだことば。びっくりするほど新鮮な響きだった。縄文人と体当たりさせたことがよかったなあと思いました」

8　歴史を正しく知った子どもたち

いままでの話の中で、「遺跡には感動がある」とか、「学問をするには感動が大切だ」というようなことを言いました。「縄文行動」という、子どもたちには感動に満ちた体験学習をやって、見事な版画集を描きあげた小学生たちは、できあがった版画集に想い想いの感想文を書き残しました。今日はそのいくつかをコピーして配ってありますが、ここでそれらをみんな読み上げる時間がありませんのであとでゆっくり目を通してください。どれもこれも小学生たちの素直な心で、縄文人たちの残した大昔の生活の知恵や工夫や行動に驚き、わたしたちの祖先である縄文人に対する尊敬の気持ちや親しみを表わしているとてもいい作文ばかりです。ここではそれらのうちの最後の一つを、みなさんも声を出して読んでみましょう。

「縄文の人びとは、生活のもとになるものをきずいて、残してくれたから、ぼくたちも、後の人間たちのために、何かを残していきたい」

なんとすごい言葉だと思いませんか。日本歴史のうえで縄文人やその文化の位置づけと評価をきちんと言い当てているし、それよりもわたしたちがいま生きていて、歴史を学ぶことの意義をずばり訴える言葉であると、わたしは強く感銘させられます。そして小学生にこれほどはっきりとした歴史意識というか、正しく歴史を見る目をもたせることのできる考古学という学問、そして縄文人の存在はとても大事なものだと、改めて考えさせられました。それだけに遺跡を大切に扱い、多くの市民＝地域の人びとに古い時代の正しい歴史を知ってもらう機会を、考古学研究者や自治体の教育委員会、そして学会や大学などがもっと積極的に用意すべきだと感じました。

いま小学生たちが心に刻んだ縄文人への想い、それは「縄文人像」とか「縄文時代観」といいなおしてもよいものですが、そのことについて考古学の専門の世界や一般の国民の間で、どんな理解・認識がもたれてきたのかという点について、少し時代をさかのぼってふり返ってみたくなりました。

話のはじめのほうで、明治から敗戦時までの戦争中の歴史教科書の説明を少ししました。そこでは学校の歴史教育の中で、縄文人が日本人の祖先として登場することはまったくなく、どこかで土器や石器が発見されても、それらは「日本民族」とは直接関係のない「先住民族」のものと教えられ、なかにはその「先住民」というのはアイヌ人またはその先祖である「野蛮人」のことであるなどといった、ひどい説明が付け加えられることも多かったのです。わたしの小学校五年生のときの防空壕掘りのエピソードで、担任の先生が言ったことは、そういう野蛮人説が先生の頭の隅にあったからだと思います。

敗戦によって日本歴史が書き換えられ、教科書にも縄文人や考古学的事実が載るようになりました。しかしつい二〇年ほど前にわたしがある女子大学で一〇〇人ほどの学生に「縄文人とはどんな人びとか」と問うたところ、ほんとうに悲しくなるような淋しいアンケートの結果になりました。学生のほとんどがイメージする縄文人というのは「いつも食物に飢え、ガツガツして祈りをささげながら、暗い竪穴の中で暮らしていた、みじめな人」でした。大学生がそう答えた理由の一つは、彼らが中学・高校時代に使っていた歴史教科書の記述に問題があったと後でわかりましたが、いずれにしても、もしかすると専門家もふくめて大部分の日本国民が教えられ、漠然とイメージしていた平均的な縄文人像とはこんなものではなかったかとつい考えこんでしまいました。

先ほど見てもらったような東久留米第七小学校六年生のみんなが感動の中で完成した、あのいきいきとした縄文人像を描いた版画集が作られたのはもう二五年前のことです。その後一〇年以上もすぎた頃から考古学の世界では、マスコミなどが大宣伝をして有名になったたとえば青森県の三内丸山《さんないまるやま》遺跡などといった〝縄文の大発見〟が相次ぎ、ようやく学界でも一般の市民の間でも、縄文人像・縄文時代観の見直しなどといった声が大きくなりました。その点からいえば、新山遺跡の発掘で縄文人とはじめて対話した小学生たちは、どこの誰よりも先に縄文人像の見直しということを、あのたくさんの見事な版画と作文というかたちで示した、すばらしい〝ちびっ子考古学者〟たちであったといってもよいと思います。

ところが、小学生たちをこうして感激させた、偉大な存在感をもつ日本人の祖先縄文人に、最近また新しい危機が訪れようとしています。大きな犠牲と不幸をもたらせて、六〇年前に終わったあのアジア・太平洋戦争を、日本の国益をかけたやむをえない正義の戦争だったなどという、誤まった歴史観・歴史認識をもつ人たちが、縄文人は世界で一番優秀な「日本民族」の祖先だなどともちあげ、その子孫である日本人がやったアジアを救うための戦争に誤りはなかったなどと、間違った歴史認識を補強する目論見で、縄文人や縄文文化を利用しようとしています。そうだとするとそのことは縄文人を〝ほめ殺し〟にするようなものです。このことは今日の話の中でも再三名を紹介したわたしたちの研究者仲間である勅使河原彰さんが、『歴史教科書は古代史をどう描いてきたか』という最近の著書で、詳しく分析しわかりやすく記述していますから、ぜひ多くのみなさんに読んでいただきたいと思います。

いま話題にした『新しい歴史教科書』の問題だけではなく、他の多くの歴史教科書でも、そしてその教科書編集の指針を示す文部科学省が作る「学習指導要領」でも、改訂の回数を重ねるごとに考古学の内容は削られて、神話などの記述が増加しています。現実に大学受験重視の高校の歴史教育では、原始時代は省略して古代から、できたら近世・近代以後を重点的になどといった授業が増えていると聞いています（補注：この講演後ちょうど一年たった二〇〇六年秋、高校の未履習問題が全国的に問題となった。その中で高校では日本史が選択科目に置かれていることを知って愕然とした。そして考古学研究者として不明を反省した）。

さらに許せないことは、日本歴史の最初の学習の機会になる小学校の社会科教科書から、縄文時代とそれ以前の旧石器時代の記述が消されてしまっていたことです。このことは先ほど紹介した勅使河原さんの本で正確に調べた結果が示されています。

このままでは六〇年前以前の戦争の時代と同じように、縄文人は小学校だけではなくすべての教科書から、そして日本の歴史そのものからまったく抹殺され、再び誤った神話中心の歴史が幅をきかし、日本国民の目から真実が隠されるという暗い不幸な時代が訪れかねないと、わたしはいま大変心を傷めております。

9　考古学は平和と自由を守る学問であれ

さて時間になりましたので最後になりますが、今日の話でわたしが六〇年間やってきた考古学の全体を語ることはできませんでした。正直言って新山遺跡の発掘調査やみなさんの自由学園での発掘など、すばらしい経験もいくつかもつことができましたが、それを含めてわたしがいままでやってきたことは大部分が試行錯誤と失敗の連続だったのではなかったかと反省することのほうが多いのです。

大学も退職し考古学研究の第一線からも退いたいま、その最大の反省は夢とロマンと感動がいっぱいある考古学というすばらしい世界に、六〇年間も身を置きながら、先ほど触れたような真実の歴史を歪めるさまざまな策動を、完全に打ち破るための努力に欠けたこと。それはたとえば考古学界の内部で起こった「旧石器発掘捏造《ねつぞう》」のような恥ずかしい事件を事前に防げなかったことなどもそうですが、もっと大きな問題は、経済優先・開発優先の日本の政治・社会の中で、考古学が学問としてのこころを失い、国民や地域の人びとの信頼にもとづいて学問が存立するその基盤が、ゆらぎかけていることに有効な手をうつことができなかったという自戒の念です。

そのことは研究者としての責任でもありましたが、同時にそれは国の政治の問題でもあると考えます。わたしは少年時代に考古学と出合ったとき、この学問は平和と自由を守る学問だと信じたことを原点としてその道を歩んできました。いまおそらく一人の考古学者として最後のつとめだと決意していますが、これまでも永かった人類史、さらにこれから永い人類史の未来に向けて、いまや人類史の至宝といってよい日本の平和憲法を守るために、できる限りの力を注ぎたいと心に誓っています。

自由と個性を尊重する一貫教育を建学の精神とし、すぐれた実績と伝統をひきつぎ、この間わたしたちがかかわった考古学に対しても、戦前から深い理解を示されて、実践教育の場にとり入れて活用されてきたこの由緒ある自由学園で、今日、わたしの考古学への、また縄文人への熱い思いを話させていただけたことに深く感謝して、終わりにさせていただきます。

4

06・12・2
長野県考古学会・講演

インダストリー論から考古地域史論へ

はじめに

長野県考古学会の二〇〇六年度秋期大会の研究集会の統一テーマ「信州の遺跡を考える」は、副題として「〝物質的資料〟から導き出す〝単位〟の認識」という、やや難解な説明が加えられています。これは発掘された遺物（群）や遺跡（遺構群）を通じて、それらの〝物質的資料〟を、いかに歴史的に有意な考古学的素材（〝単位〟）として生かすことができるかを探ろうという、非常に意欲的でかつ現状の日本考古学にとっては、研究者みんなが共通に認識をもつべき問題提起のテーマだと考えます。

そういった学会の意図に十分応えることができるかどうかは自信がありませんが、わたしの過去の研究の体験をふり返りながら、お手元に配布させていただいた「インダストリー論略史・自分史メモ」という一枚のコピーを頼りに、この〝総括講演〟の内容を次の三つの柱で話を進めてまいります。

その第一は「インダストリー論とは何だったのか」、第二は「考古地域史への試み」、第三として「日本考古学研究の現状と将来」です。その間に昨日から行われたパネラーの皆さんの研究発表について、簡単なコメントをつけ加えさせていただきます。

1　インダストリー論とは何だったのか

それは研究の出発点にすぎない

岩宿《いわじゅく》時代文化（先土器時代・後期旧石器時代）の研究に関連して、みなさんもときどき「インダストリー」とか、その日本語訳である「石器文化」という用語を耳にされたことがあると思います。それに論の字を加えて「インダストリー論」などといわれると、「それっていったいなあーんだ」と首をかしげる人が大部分だと思います。

その用語の語源は英語のindustry（産業・工業・労働）そのものです。岩宿時代文化の研究のはじめの頃、わたしたちは一生懸命原書を読んで、ヨーロッパの旧石器研究の知識を吸収しようとしていたのですが、幾冊かの概説書で、一つの遺跡（文化層）から出た石器群全体を、「インダストリー」と表現していることを知ったのです。のちの話でその理由に触れることになりますが、わたしにとってはそうした石器群の捉え方と用語がとても気に入って、「インダストリー」という用語を借用し、その用語に自分なりの概念を少しずつ加えていったのです。

その概念の付加も、研究史の初期段階で試行錯誤をくり返しながら遺跡を発掘し、その報告書や二、三

資料　インダストリー〔論〕略史・自分史メモ

1952年　**茶臼山遺跡の発掘**　岩宿時代文化研究への初の体験的参加。この発掘に対する中央の研究者からの層位優先主義、標準化石的な石器編年重視にもとづく評価に強い疑問をもつ。

1956年　**卒業論文「茶臼山石器文化」**　完全な一単位の石器群の把握と分析こそ、岩宿時代研究の最優先課題であると主張。

1958年　**「八島における石器群の研究」・修士論文「ポイント」**　上記の認識を確かめる実践としての八島の発掘と、その報告および方法の展望。この2論文で「インダストリー」の用語や研究の方法上の問題を具体的に触れる。

1965年　**「先土器時代における石器群研究の方法」**　いわゆるインダストリー〔論〕を包括的に記述。

1966年　**砂川の発掘**　インダストリー〔論〕の実践を強く意識して、遺跡の構成、石器群の構造を追究する。

1967年　**学位論文「先土器時代文化の構造」**　理論的に構想した岩宿時代文化の構造（「インダストリー・カルチャー論」）を意図したが、当時の資料（およびその分析）の不足・不備のため、不完全な内容に終わる。

1968年　**月見野遺跡群の調査**　翌年行われた野川遺跡の調査とともに、「月見野・野川以前と以後」と評価される岩宿時代文化研究史の大きな画期。自分ではインダストリー〔論〕の見直しを意識する。

1975年　**「インダストリー論」**　自分で「インダストリー論」と題して初めて書いた（書かされた）論文。一般読者向けの講座シリーズで、その〝論〟の成り立ちや理念などを解説。

1978年　**「先土器時代論」**　岩宿時代文化研究25年の成果と研究の現状・問題点に触れながら、総合的・構造的視点から、岩宿時代の歴史叙述の方向性を探った。

1980年　**矢出川遺跡群の総合調査**　インダストリー研究の次の展開を期待する実践として、地域研究（遺跡群など）と自然環境などに関する学際的研究・総合調査の必要性の認識。

1986年　**「総論・文化と地域性」・「縄文時代の地域と文化」**　ともに『岩波講座日本考古学第5巻』の所収論文。インダストリー研究は考古学の全分野に及ぶことを示唆。

1993年　**「岩宿時代とその研究」**　佐藤宏之氏の〝戸沢パラダイム・シフト〟に対する感想など。考古学協会総会で講演。

2004年　**『考古地域史論』**　インダストリー研究の展開で考古地域史の確立を目指す。その現状認識を旧論文で確かめる。

2006年　**講演「竹佐中原遺跡の調査と日本旧石器文化研究（仮題）」**　なぜ、いままた（捏造事件の反省をふまえて）インダストリー（論）かを、しゃべる。

2006年　**講演「インダストリー（論）から考古地域史（論）へ」**　何を語ることができるか？

の論文の中でインダストリー研究の方法（石器群の捉え方など）を文章化しましたが、「インダストリー論」を全体として体系的に記述したことはほとんどありませんでした。

もしや体系的な記述があるとすれば、それは一九六七年に書いた学位論文だったはずです。「先土器時代文化の構造」という大層な表題の論文でしたが、これは種々の事情（後述）があって、学界や一般への公表・出版は、論文提出からじつに二三年後の一九九〇年のことでした。そのためこの論文は〝幻の論文〟などと言われ、「インダストリー論」も岩宿時代研究の進展の中で忘れられていきました。

ただ一つ一九七五年に「インダストリー論」という論文を書いています。これは『日本の旧石器文化』という講座シリーズ本の一冊に、編集者のお一人であった麻生優さんから強引（？）に執筆を依頼されて書いたものです。そのときわたしは「インダストリー研究の方法」という表題にするようお願いしたのですが編集者に受け入れられず、インダストリーに〝論〟をつけたわたしの唯一の論文になりました。ところでこの短い論文の最末尾に当時次のようなことを書きました。

「改めて言うならば、インダストリー論の一つの目的は、多角的な検討を加えた完全な石器群の把握が、先土器時代文化の研究において、どこまで追究できるかという命題を、自らの研究の方向に課することにあった」

つまり難しい方法論や高次な理論を、不完全なかたちで述べ立てた反省をしなければならないが、その真の目的は遺跡をちゃんと発掘し、出土した石器をきちんと分析し研究しようという、いわば岩宿時代文化研究のための〝実践論〟であったということです。

たまたま昨日の谷和隆さんの研究発表「先土器時代における単位の捉え方――遺跡から石器文化を摘出する」の中で、「学生時代にはわからなかったが、野尻湖遺跡群の発掘や整理作業を通じて、インダストリー研究の意味がわかった」と発言されています。そしてその結果として谷さんが研究した日向林《ひなたばやし》Ｂ遺跡の成果は、環状ブロック群の把握などの結果として、何十年前のわたしの予測を質・量ともに上まわる内容で、岩宿時代の歴史に迫る有意な歴史素材＝〝単位〟を捉えていると思いました。

ところでわたしが「インダストリー」というようなことを、はじめは原書からの受け売りであったとはいえ、その後執拗に言いつづけるようになったきっかけは、もう五〇年余り前のことになりますが、一九五二年に茶臼山《ちゃうすやま》遺跡を調査したときからです。この調査は信州でも最初の岩宿時代遺跡の発見であり、また発掘でもありましたが、大学一年生のわたしにとってもはじめて岩宿時代遺跡の調査の原体験の場でもありました。

茶臼山遺跡の発掘では約七〇〇点に達する、多量の黒耀石製の石器群が出土しました。いま七〇〇点で多量と言いましたが、谷さんが報告した日向林Ｂ遺跡では九〇〇〇点の出土量があるわけですから、いまではもう茶臼山の七〇〇点などはものの数ではありません。しかし五〇年前では研究の中心であった関東地方では、一つの遺跡で数十点の出土量が最大で、ごく零細な石器群で編年等が論じられていました。

そうした状況もあったせいか、茶臼山遺跡の多量の黒耀石製石器群に対する、東京の学者の評価は大変に厳しいものでした。いわく「ナイフとブレイドが一緒に出るなんておかしい」とか、「信州のロームは堆積状態が悪く、すべてが混在している」とか、「そうした層位を分けられない発掘もだめだ」、「とくに磨製石斧《せきふ》まで共伴するというのでは、常識を疑う」などといった批判を受けたのです。

こうした〝中央の権威〟からの声を受けて、ともに調査を続けてきた藤森栄一先生や松沢亜生《つぐお》さん、そしてもちろんわたしも強い疑問と反発を感じました。もう気の短いわたしなどは、入学したばかりだが大学などやめてしまいたいほどの怒りを覚えました。退学をひき止めてくれたのは藤森先生でした。「石器を自分たち独自の観方で研究して、批判に反撃してやろう」というような激励と慰めのような説得を受けて、松沢さんとわたしは多量の石器を必死になっていじりまわし、観察を始めました。

その詳細をここで紹介する時間はありませんが、たとえば石器の技術論的な観察を進めた松沢さんの研究は、やがて旧石器技術論の基礎となり、いまでも岩宿時代研究史に確実に引き継がれていることはご承知のとおりです。またわたしは四年後の一九五六年に「茶臼山石器文化」という卒業論文を書き、岩宿時代の旧石器群研究の方法試論を、茶臼山遺跡の石器群を基本資料として提示しました。インダストリー研究のはじめです。

以上お話ししましたように、岩宿時代研究史の第一の段階、「発見の時期」ともいわれる一九六〇年代の終わりまでは、より完全な「インダストリー＝石器文化」を把握するために試行錯誤を続けていたというのが、わたしの自分史的な研究段階だったのです。

歴史学的認識の必要性

茶臼山遺跡の発掘以来、わたしがインダストリー研究という点にこだわったのは、まだ本格的研究が始まったばかりの岩宿時代の旧石器群を、日本列島最古の歴史を知るために、その時代の歴史構成の基本資料（〝単位〟）として、それをどう生かすべきかという想いが強くあったからです。そうした考え方は大学に入る前、藤森栄一先生や宮坂英弌《ふさかず》先生から、地域の考古学研究や発掘などを通じて自然に身についたものでした。

そのことの表われとして、インダストリー研究のことを論じたわたしの文章の中には、必ずといってよいほど「歴史学的認識」といったような言葉が出てきます。たとえばその一つである学位論文の中の一節です。「先土器時代文化の体系化の試みは、考古学的資料を歴史学的認識の基本資料として生かす、という方向性のもとで行わなければならない」といった表現です。これはとても青くさい生意気な言葉であって、具体論とはいえない理念あるいは夢というべき類いのものです。

こうしていわば理念が先行して書いたのが学位論文『先土器時代文化の構造』です。この論文を書いた一九六七年当時は、まだ全国的に資料が少なく、研究の水準からいっても、日本列島全体にわたって石器文化の特徴を比較して、論文の題名のような先土器時代文化の構造を体系的に叙述することなど到底不可能なことでした。だから今日の資料の自分史年表には「この論文は不完全な内容に終わる」と自己評価のメモを書き入れておきました。

しかし茶臼山遺跡の発掘以来、インダストリー＝石器文化の完全な把握を追究し、その実践に基づいてインダストリーの概念を理論的に深め、そうして得られた「石器文化」を相互に比較し、その高位の文化構造として「地域文化」を確認し、さらに地域文化の動態を明らかにすることで、「時代文化」を構造的に捉えるという「インダストリー・カルチャー論」の方向性は、個々の遺跡や石器群の最も基本的な資料操作の段階から、つねにその研究のプロセスの中に歴史を意識する、別な言い方をすれば目的を明確にもった研究を進めるという意味で、重要な問題提起を果たした学位論文ではなかったのではなかろうかと、わずかに自らを慰めるのです。

「インダストリー論略史・自分史」の転機

ところでわたしが学位論文を書いた一九六七年前後の略史年表を見てください。前年の六六年に砂川《すながわ》遺跡の発掘、翌年の六八年には月見野《つきみの》遺跡の発掘が記載されています。ともにあとになってから岩宿時代研究史のうえで重要な発掘と位置づけられているものです。

前に言ったわたしの学位論文の出版が遅れた最大の理由は、この二つの発掘の成果を時間的余裕がまったくないまま、論文の中に生かすことが不可能であったことに、わたしはためらいを感じて、すでに出版計画が進んでいたのをあえて断ってしまったのです。そして学位論文の自己評価のことは先ほど話しましたが、月見野遺跡群発掘のあとでは「インダストリーの見直し」を強く意識したのです。

どういうことかと言うと、六〇年代の後半まで研究史的には発見の時期ともいわれる初期の段階で、わずかな面積の遺跡の一部を掘って、わずかな石器群（一つのブロック程度の）を対象として組み立てた「インダストリー論」も、ましてや理論（念）的に構想した「インダストリー・カルチャー論」などといったものは、月見野遺跡や野川《のがわ》遺跡などで知られたような、広範囲に分布するブロック群、そして層位的に何層にもわたって重層して出土する豊富な石器群を前にして、まさに幻の考古学方法論であり、歴史理論であったかと思いつつ、「インダストリー・カルチャー論」の新しい体系化の方向性を模索しはじめようとしたのです。

この岩宿時代研究史の画期にもあたるこの辺りの学史的状況については、少しあとのことになりますが一九九二年に佐藤宏之さんが『日本旧石器文化の構造と進化』という本で詳しく分析しています。

そこでは、一九六〇年代まで「インダストリー・カルチャー論」を基礎として、その後の岩宿時代研究の枠組みと一つの規範を示してきた、〝戸沢パラダイム〟というものは、大規模開発の下での〝大発掘時代〟になった一九七〇年代以降は、もう役に立たなくなったから、〝パラダイム・シフト〟つまりいったん放棄し、研究方針を一変させるべきだと、ずばりと指摘しています。

これを受けてわたしは一九九三年の講演「岩宿時代とその研究」で、佐藤さんの意見には基本的に同意を示し、早く新しいパラダイムを作って、岩宿時代の研究をさらに深めるよう、学界が協力して努力することを期待するという感想を述べました。それらの詳しい内容はここでは省略します。

以上でわたしの話の柱の第一は終わることになりますが、「インダストリー論とは何だったのか」ということは、結局十分に答えられなかったのではないかと考えます。つまるところ「インダストリー論」などというものはなかったのです。はじめの話のほうで言ったように、遺跡をちゃんと掘り、それで得られるあらゆる情報や出土資料をきちんと分析すること、そしてその過程を通じてそれらの成果を歴史構成の基本資料としていかに生かすかという目標を、学問の方法論として追究することこそ、考古学研究者としての姿勢であり、インダストリーの研究は岩宿時代研究史の初期に、私自身に投げかけた研究の目的設定であったということです。

2　考古地域史への試み

地域を単位とした総合研究の実践

略史年表（自分史）をふり返りますと、一九六八年の月見野遺跡の発掘から八〇年の矢出川《やでがわ》遺跡までの約一〇年以上の間、わたしはまったくフィールド（岩宿時代のみならず縄文時代も）をもちませんでした。理由はいくつかありますがいまはそれに触れません。しかしこの間全国各地で大規模発掘時代が本格化し、それまで予想もしなかったような新発見を含めて、膨大な量の石器等の資料が蓄積していたはずです。わたしなどのところにはもうそうした情報すら十分に届かなくなっていました。

久しぶりにもった矢出川のフィールドは、「八ヶ岳東南麓における洪積世末期の自然と文化」をテーマに、学際的総合調査と地域研究の実践というスローガンを掲げて三年間をかけて計画しました。それはインダストリー研究の次の展開をはかるという〝自分史的戦略〟もあったのですが、その後の〝自分史的環境〟の変化などで、これも中途半端で終わらざるをえませんでした。

この間いろいろな頼まれ原稿なども書きました。年表には岩宿時代に関する二つの例を挙げてありますが、それはもはや新しい資料や研究による著述ではなく、古い研究に基づく概説にすぎません。

一方その頃、多くの地方自治体で市町村制何十周年記念といった時期にちょうど重なって、全国的に地方史誌の編さん事業が多くなりました。わたしもそのいくつかに参画する機会を得ました。そのことについて身近の何人かの先輩などから、市町村史の執筆など学界では研究者の業績にはとりあげられないからやめたほうがよい、などといった忠告を受けたことをよく覚えています。

そんな考古学界の風潮があったせいか、すでに完成していた地方史誌のいくつかを見ると、多くのものは土器の編年や個別の考古資料の羅列的な事実記載が中心で、歴史的な叙述の部分は日本史や世界史の一般概説が、若干脚色されて簡単に記述されているのが普通でした。肝心なその地域の特徴を表わした歴史的な記述などほとんど見当たらなかったのです。そういう地方史誌の考古学上の記載に、わたしは強い不満を感じました。

そこでわたしは、一九七一年に執筆した『市川市史』では、執筆分担が縄文時代の章だけだったのですが、まずこの地域の特徴を明示するため章名を「貝塚文化」とし、市内に多く存在する貝塚遺跡をいくつかの群として捉えて分析し、縄文人の生活領域の復原や、縄文社会の動態などを浮き出させる試みを積極的に行いました。

その点では今回のシンポジウムで柳沢亮さんが行った報告「縄文時代中後期の遺跡にみる単位――茅野市聖石《ひじりいし》・長峯《ながみね》遺跡の調査」は、同じ台地上の両遺跡の集落構成などを緻密に分析したうえで、縄文人の生活基盤となる単位は、周辺に分布する遺跡を一体的に捉えて、遺跡群として研究を進めるべきだと提言したことは重要なことだと思いました。

また竹内靖長さんの報告「近世城下町遺跡における〝単位〟」は、国宝松本城とそれを中心にして残された地域史を、古文書だけではなく、厚さ三メートルに及ぶ地層の堆積で、約三〇〇年の城下町の変遷を層位的に明らかにしました。そこから発見される町屋の遺構や多様な遺物によって、城（武士）と城下町（庶民）の歴史を一体として捉えて、新しい松本市域の歴史叙述を可能とする、〝近世考古学〟の興味と魅力を湧きたたせてくれました。

ところで『市川市史』の二年後に書いた『岡谷市史』では、都市化の波の中で失われていった市内の遺跡について、明治時代以来行われてきた調査の経過と成果を、徹底的に再現させることに重点をおいて主要部分を記述しました。高度経済成長の下での開発に対するせめてもの抵抗という意味もありました。そしてそのうえで原始から古代までの通史的な叙述として、考古学的な時代区分にとらわれず、「岡谷市史の年代記」という最終章を設けて、考古資料に基づく一つの地域の歴史の流れを叙述することを、やや大胆に試みたのです。

もちろんこの二つの市史での試みは、十分に完成されたものではありませんでしたが、考古資料をその地域の歴史に生かして、考古学による歴史叙述をどのように達成できるかという想いを、わたしなりに実践したつもりでした。やや強引な結びつけかもしれませんが、岩宿時代の研究を通じてインダストリー研究の理念として抱いていた、歴史学的認識を実践するための試みといえると思います。

こうした地方史誌へのかかわりの経験と、その中で見えてきた「地域研究」への関心を、自分のフィールド調査として実践したのが、一九八〇年から三年間にわたって実施した矢出川遺跡群の総合調査だったのです。しかしそのもくろみも前に述べたように中途半端に終わり、矢出川を最後としてわたしは岩宿時代研究の第一線から引退する決心をしました。

考古地域史の構想

年表の二〇〇四年のところに『考古地域史論』という拙著を出版したことが記載されております。そしてそのコメントとして「インダストリー研究の展開として、考古地域史の確立を目指す。その現状認識を旧論文で確かめる」と書いておきました。

先ほど触れた市史のこと、考古学における地域研究の考え方など、自分が考えあるいは実践したことが、「考古地域史」という一つの研究の体系を構想するのに役立つものかどうかを検証したいと願って、一冊の本に主な旧論文・著述をまとめてみたものです。

その主要な内容を構成する第五章「考古地域史の方法・試論」は、一九八六年に出版された『岩波講座日本考古学　第五巻・文化と地域性』に書いた二つの論文を再構成して再録したものです。

だいたい「文化と地域性」というテーマで、かなり大冊の講座本一巻を使ったやや理論的な本を編集するということ自体、日本考古学でははじめての企画ではなかったかと思います。そこで全体としての統一テーマをふまえたうえで、各論文はケース・スタディ（事例研究）でよいという編集方針で、全国各地そして専門分野別の研究者に原稿を依頼しました。

編集を担当したわたし自身は、総論で考古学上の文化の概念をG・チャイルドの『考古学の方法』を紹介しながら整理し、文化を措定する考古学資料としての諸要素と、有意な文化を論ずるためのいわゆる〝基本単位〟は何であるかなどを、自分の理解する範囲で説明しました。そして文化構造を理解するためのケース・スタディとして「先土器時代文化構造試論」という章題で、過去の「インダストリー・カルチャー論」を紹介しました。

さらに各論の「縄文時代の文化と地域性」では、八ヶ岳山麓をフィールドとした藤森栄一・武藤雄六・小林公明さん等地域の研究者によって行われた、縄文農耕論をパラダイム（研究目標）とした中期縄文文化研究の成果を高く評価し、中部高地地方から関東西部・東海東部にかけて広がる中期文化の繁栄の様相を「井戸尻《いどじり》文化」として捉え、それを縄文時代における代表的な地域文化の一つとして位置づけられると主張いたしました。

岩宿時代から古墳時代まで、多くの執筆者がそれぞれの地域を対象として論じたケース・スタディ的な論文は、その捉え方にまだかなりの温度差があると見ましたが、しかしわたしは全巻を通じて日本列島における文化と地域性、私流に言えば考古地域史の確立を目指す研究は、必ずや考古学の歴史科学としての質を高める方向につながるのだと、そのとき強く予感したのです。

その点は今回のシンポジウムでも同じことがいえます。風間栄一さんの報告「古墳周溝調査における単位の認識――長野市篠ノ井《しののい》・高畑《たかはた》古墳群を事例として」では、古墳の研究者にとって研究の基本単位はあくまでも一つひとつの古墳であるという立場を堅持して、周溝のみを残す特殊な古墳の個々を厳密に調査した経過を報告し、その上で高畑古墳群の周辺丘陵地域に発達する、善光寺平の大古墳と時間的・地理的な関係を捉えて、「信濃古代王権」の成育する地域と歴史の特性を明らかにできる、という可能性を指摘した論点はきわめて印象的でした。

また千野浩さんの報告「弥生時代後期初頭の集落遺跡における時期決定の問題点」は、副題に「土器型式の認識とその限界」とあるように、弥生土器を時期決定の指標とする目論見は、すでに縄文土器でも土師器《はじき》などでも限界が知られているように、型式の概念を再検討して、もっと大きな視野、たとえば弥生後期という時代、善光寺平から千曲川上流域に及ぶ〝赤い土器のクニ〟の形成とかかわって、土器型式が示す地域の動きを捉えることができるのではないかと考えさせられました。

このように今回の長野県考古学会のシンポジウムは、ただ掘るだけではなく、考古資料から何を聞き出すことができるか、そして研究者たちが地域の歴史について何を語れるかを問うための、大切な第一歩を示したものとして意義づけられます。

3　日本考古学の現状と未来

竹佐中原遺跡の発掘

一九八六年に完成した『岩波講座日本考古学　第五巻』を前にして、わたしが抱いた明るい予感は、〝自分史的〟にいまふり返ってみると、それは空しい予感に終わったといわざるをえません。話がやや個人的なことにかたよりますが、一九九〇年代に入ると何の運命のひきまわしか、わたしは大学運営の雑務に追いまわされるようになりました。そのため前世紀の最後の一〇年間はまともにフィールドに足を運ぶこともなく、学会活動もほとんど休止の状態でした。

二〇〇〇年にやっと学長職から解放され、さてこれから何をやろうかと身辺整理にとりかかっていたとき、降ってわいたように「旧石器発掘捏造《ねつぞう》事件」が発覚いたしました。それ以来久しぶりのフィールドということで熱心に足を踏み入れたのは皮肉にも、東北各地の捏造旧石器遺跡ということになってしまいました。捏造の事実を一つひとつ検証していく過程で、なぜこんなことが起こったのだろうと考えながら、ひそかに五〇年前の茶臼山遺跡の発掘のこと、そしてその後のインダストリー研究に夢中に取り組んでいた頃のことを想い出して、自分の六〇年にわたる考古学人生に空しさを感じていました。

そんな矢先に竹《たけ》佐《さ》中原《なかはら》遺跡の発見が伝えられました。躍るような足どりで通ったフィールドでした。何回目かに遺跡に行った日、わたしが知る限り失礼ながら岩宿時代の研究には縁の薄かった、長野県埋文センターの市澤英利部長が、「ここの発掘はインダストリー研究の方法で進めましょう。ついては……」ということでインダストリー研究に関するいろいろなことを質問されたのです。わたしはびっくりしましたし、いろいろ聞かれるうちに少々鼻が天狗になりかけたのでしょう。その後永年の沈黙を破るかのように、竹佐中原遺跡では何かといえばインダストリーという用語が飛び交い、石器の出土状態や石器群の捉え方、性格づけなどにインダストリー的解釈が連発することになりました。

そうした調査の集約として二〇〇六年春、飯田市を会場として行われたのが、埋文センター主催のシンポジウムで「竹佐中原遺跡の調査と日本旧石器文化研究（仮題）」という総括講演でした。その中では、石器群については出土状況などを厳密に吟味し、石器群全体を形態や型式、その製作技術についてもまず客観的に分析すべきである、既知の器種名・型式名などを安易に使うことはやめよう、また年代測定などを優先して中期旧石器時代だとか後期だとかという議論に熱中することはよそう。一つの石器文化として十分に検討したうえで、その歴史的な位置づけや海外関係を決定していこうなどということを、会場に集まったかなり多くの人びとに語りかけました。

考古学の存立基盤を守るために

わたしとしてはまさに「なぜ、いままたインダストリー論か」という、個人的には少々いい気分で、竹佐中原遺跡や黒耀石原産地遺跡にぼつぼつ通いながら、その頃、旧論文などをまとめる作業を家にこもってやっていました。『考古地域史論』（新泉社、二〇〇三年）とか『歴史遺産を未来に残す』（新泉社、二〇〇五年）などがその結果です。しかしそうしているうちに、考古学をめぐる周辺の環境や社会の状況がますますひどくなっていくのを、ひしひしと肌に感じて心を傷めることが多くなりました。

文化財保護行政は全国的に後退が進み、調査機関の縮少はおろか廃止ということさえ現実化していきます。考古学も深くかかわるべき教育の問題でも、歴史教科書から考古学が消えていくことや、学校現場でのいじめや自殺といった教育の荒廃ぶりなど、目をそむけ、耳をふさぎたくなるようないやなことばかりです。それに輪をかけるように教育基本法を改悪し、それを手がかりに平和と自由・人権をわれわれに保証してきた憲法を改悪しようとする政治的策謀は、日本国民の生存権をおびやかすことになります。そしてそのことはわたしたちの考古学の存立基盤を奪うことにつながることは必然です。いま辛うじて残っている埋文行政など、たちどころに自治体行政の中からリストラされ抹消されることは、現在、職場や身近なところで、いろいろなかたちで、みなさんが不安や危機を感じている現実を見れば明らかなことではないでしょうか。

そうしたことの具体的な例を挙げることはここでは差し控えますが、いま直面する県内の文化財行政の問題にしても、わたしのような老人が闘わなければいけない対象がいくつかあります。考古学研究者としてまずみんなが力を合わせて実践しなければいけないことは、開発優先でただひたすらに掘りまくった莫大な量の考古資料、すなわち貴重な地域史の歴史遺産を、地域のそして日本の正しい歴史を構築するための基本資料として、どのように十分に生かしていくか、そしてそのことが地域の人びとの考古学に対する理解と、深い信頼につながる実践を積極的にすることです。

今回のシンポジウムのレジュメで千野さんが述べているように、「大規模開発の嵐は過ぎ去り、大量の資料を得たわれわれは、残された分厚い報告書の中で、なすすべもなくただださまよい続けている」という状況認識を研究者が共有したうえで、その状況から一刻も早く脱却する道を見出さねばならないのです。今回のシンポジウムはそういう意図で企画され、こうして多くのみなさんが熱心に参加されたのだと考えます。

在野考古学、地域研究重視の長い伝統をもったこの信州の地で、考古学の存立基盤を固めるための、大事な実践の第一歩が踏み出された今回のシンポジウムであったと評価して、わたしの総括といたします。

5

老考古学徒のつぶやき

2005・2006年
八十二文化財団『地域文化』・連載

1 人類史的視点で

前世紀の終わりに当たる四年間、大学の学長職にあったわたしは、学生への告辞、学内外の多くの発言の中で「数百万年の人類史をかえりみて」という言葉をよく使った。まわりからは〝学長のきまり文句〟などとひやかされながら、いつの間にか人類史的視野＝長期的展望でものごとを観るといった理解が、少しは大学運営等に生かされるようになったと感じられた。

いまから六〇年前の中学一年生のとき、太平洋戦争の敗戦によって得られた、平和と自由の喜びを肌で知り、畑で拾った数千年前の縄文土器や石器の魅力が、わたしを考古学の道に引きこんだ。

由来、人類は数百万年の歴史の中で、たとえば苛酷な氷河時代を幾度も耐えて生き抜き、気の遠くなるような悠久な時代を経て、現代に至る人類文化を創りあげてきた。今後、人類史が永遠であるためには、二十世紀の反省の上に立って「文明」におごる歴史を清算し、自然と人間、異民族の文化や思想が共生する時代が、二十一世紀でなければならない。

だから政治も経済も学問・科学も眼前の利害だけにこだわらず、ゆっくりと「数百万年の人類史的視点で」なのである。

2 道具を作る心と使う心

数百万年前の太古の時代、ある日樹上から地上に降り立ったサルに近い人類の祖先は、たちまち、大地を支配していた猛獣にとり囲まれた。その獰猛《どうもう》な牙から身を守るために、人類たちはとっさに足元の石を拾いあげ、必死に猛獣とたたかった。

石は角の尖ったものの方が相手を倒す道具として効果があり、打ち倒した動物の肉は、木の実や草・葉より美味で、栄養分も高いことをやがて経験を通して知った。石器（道具）と狩猟（労働）の発見であり、人間史としての人類史の起源である。

以来悠久な歳月と気の遠くなるようなゆるやかな進歩の中で、石器は人類の生存を支える道具として、工夫と改良を重ねつつ、技術の進歩を促し、ヒトそのものも、人類文化も進化した。

二、三〇〇万年も続いた石の道具は、近々二〇〇〇年余前から鉄の道具に代わり、それは文化発達の糧としてよりも、ヒトに不幸をもたらす戦争の武器として肥大発達した。その頂点を極めたといってよい核爆弾が、六〇年前、広島・長崎で多くの人の命を奪った。

道具を作る心と使う心のバランスが狂うと、永遠の人類史は、わたしたちの時代で亡びるのではないかと、秘かにおそれるこの頃である。

3 地域の文化・博物館を育てる

この夏、日本列島を相次いで襲った大型台風のあとで、「突風」のように吹きまくった総選挙の様子をそっと眺めていた。そしてその最大の争点とされた「民営化」を、自分なりの立場で考えた。

少し前のことになるが、「法人化」された国・公立大学の友人たちは、金にならない基礎学問の研究は切り捨てられると嘆き、私立大学でも補助金査定などを通じて、自治が削られていく状況だと語った。

このことは学問の府である大学から、研究・教育の自由が失われる道につながると、多くの大学人が危惧するところであるが、それだけではなく地域の人びとの文化にとっても、同様な事態がごく身近なところで進行しつつある。それは一昨年（二〇〇三年）「地方自治法」の一部改正に伴って生まれた「指定管理者制度」が、平成十八年度から実施されることに関連する。いわば「民営化」の流れの一環である。

いま全国の県・市町村にはたくさんの博物館がある。それらの種類、規模、そして活動に対する評価など多様であるが、少なくとも各自治体が地域の文化を保護・育成することを自らの責務と考えて設立し、運営に努力してきた公共施設である。

新制度によって民間業者等を含む管理・運営機構が、地域博物館の本来の役割をどう捉えようとするのか。地域と文化を愛する研究者の一人として、最大の関心を持たざるをえない。

4　現代と立ち向かう学問の心

信州が生んだ在野の考古学者として、学問する心と歴史へのロマンを多くの人びとに与えつづけ、六十二歳という若さで世を去った藤森栄一の三十三回忌をこの十二月に迎えた。いま再び若い世代の間で〝藤森栄一を読む〟動きが起こっている。

戦時下の暗い時代、すべての学問研究が自由に失っていた中で、考古学者だった藤森は「資料の学問より人間の学問へ、古代日本人の生活とともにわれわれの魂の探究へ。まだ晩《おそ》くはない皆を呼んでくれ。私たちの国土、われわれ民族の将来を見通すことのできる学問の創造のために」と叫んだ。

それから半世紀余り、信州生まれの不世出の民俗学者、というよりもその実践行動を含めて、〝常民史学〟の創始者といってもよい後藤総一郎は、その死の直前「二十一世紀を迎えたものの、わたしたちを取り巻く状況は相変わらず暗い。現代日本の病理を乗り越える道はあるのか、ないのか」と裂帛《れっぱく》の問題を投げかけ、自らの生涯の規範としてきた柳田國男の学問を、それは「いわゆる官の学びではない。生活者や地域の人間として〝野の学〟の立場から現代の問題を突き破りたい」と遺言した。

敬愛する先輩・友人の二人の重い宿題をかかえて、いま自分に何ができるか、苦悶する日々を過ごしている。

5　捏造の時代

捏造＝ねつぞうと読む。『広辞苑』によれば「事実でない事を事実のようにこしらえて言うこと」（傍点筆者）と釈している。単なるミスとか誤りではなく、ある意図のために作為的に事実・真実を歪《ゆが》めることだという点が重大である。

一人の考古学者としてわたしが「捏造」と向かい合ったのは、二〇〇〇年に発覚し、その後約三年間学界の責任者として検証調査に当たった「旧石器発掘捏造事件」であった。その事実の経過はここで語る余地はないが、それは考古学界の一員として六〇年余りを歩んできたわたしをして、研究者の誇りと自信をまったく失わせるほどのショックだった。それ以来わたしの頭から悪夢ともいうべき「捏造」の一語は消え去ることがない。

ところがその「捏造」が近頃の新聞やテレビに続々と登場する。ある日の新聞一紙をひらいただけでも、「耐震強度の偽装」「ライブドアの粉飾決算疑惑」「防衛施設庁の談合」「民主党メール問題」等々の記事を拾うことは容易であるし、少し前から学問の世界でも国の内外を問わず、論文・研究の捏造はあとを絶たない。

政治も経済も学問までも、いまや「社会総捏造化」ともいうべき時代にどう生きるべきか。真の心の時代が強く望まれる。

6　わたしのポケット原稿

四年前に現役引退した一人の考古学研究者として、半生の自分の研究生活を回顧すれば、大学では「遺跡は教室である」と唱えて学生をフィールドで教育し、社会的には「市民とともに学ぶ考古学」を標榜して、忙しく各地を走り回るといった、言うなれば「行動しながら学ぶ」というのが、わたしの活動の指針であった。

書斎を離れた落ち着きのない、またあるときには激しい動きを続けていると、次の活動の足元がおぼつかない惧《おそ》れを感ずることになる。そこで始めたのが「ポケット原稿」とも「車内原稿」ともいうべき、大学その他での会議中や、通勤・旅行の車中で書く原稿やメモである。現役時代のわたしのバス・電車での通勤時間は約一時間半。うまくいくと二〇〇字詰のポケット版原稿用紙で一〇枚前後は書けることもあった。最近、何十年間にわたる手帳やメモ用紙などを整理したら、そんな原稿がかなり分厚い量出てきて、われながら驚いた。

ところでいまのわたしは定年退職して毎日が〝書斎人〟である。「車中原稿」などといわず、いつでも落ち着いて筆を執《と》れる立場にいる。しかし原稿はほとんど進まない。学問でも社会活動でも、現実の状況にコミットしない行動は、文字にもならないのだと嘆くこの頃である。

7　すいとんの味

ここ数年来、歯の具合が悪くて、好物のセンベイやリンゴなど固いものはほとんど口にしない。入れ歯は何度か作り直したが、違和感が大きくてできるだけ使わないようにしている。

最近になって、歯にもやさしく嗜好にも合った食べ物を再発見した。「すいとん（水団）」である。醤油味にしたり、味噌仕立てにしたり、時には団子そのものにカレーの香りを加え、野菜や魚の身を多めに入れて、自分で工夫して結構バラエティに富んで美味である。

たまたま終戦記念日の八月十五日にもまた、いまやわが家の定番メニューとなったすいとんを作った。椀にもられたそれを箸でつつきながら、ふと幼き頃を思い出した。塩気の汁ばかりで団子はおろか、ろくな野菜も入っていないすいとんを鍋の底まですくい取って、泣き顔で空腹を訴え、父・母からひどく叱られたときの、ほろ苦い思い出だった。

戦後六一年、平和で飽食の時代を過ごし、いま歯のない口の中で嚙みしめるすいとんの味が、子どもの心を悲しませた、あの苦しくて暗い時代の味に再び変わらぬようにと祈りながら、明日からもまたわたしは、すいとんのレシピにあれこれと迷うことだろう。

8　子どもたちに夢を

この十月のはじめ、わたしのふるさと信州のある小学校で、五、六年生の児童を対象とした〝講演〟をした（第1章参照）。最初にその依頼があったときは、学校で十分に歴史も学んでいない小学生に、考古学の専門家として語りかける言葉ももたないのではないかと心配して、受けるのを躊躇した。

しかしちょうどその頃から、幼児に対する親の虐待、学校のいじめと自殺、高校での単位不足問題等々、それに輪をかけるような教育基本法に関する国会論議などが、新聞・テレビで大きくとりあげられるのを見ているうちに、教育の荒廃ぶりに責任の一端を感じていたわたしは、依頼された〝小学生向講演〟に挑戦することを決意した。

その日、わたしは六〇年も昔の少年時代、ふるさとの地で石器や土器と出合い、そのことに感動し熱中して、考古学が自分の一生につながる大きな夢になったという話を、何枚かのイラストによりながら思い出やエピソードなどをまじえて、予定の一時間をオーバーして熱く語った。

体育館の床に座らせられて話を聞く、三〇〇名近くの小学生の挙動を気にしながらの話だったが、みんなは最後まで真剣にといおうか、変わったじいさんをもの珍し気というべきか、わたしの顔をじっと見つづけてくれていた。

そして話の終わりに、わたしが「夢を抱いてのびのび生き抜いていこう!!」と呼びかけて、軽く手をあげると、あちらこちらの子どもたちが手を振ってくれた。

それを見てわたしは、子どもたちはみんな、本当に夢を求めているんだなあ、と胸を衝かれる思いがした。

(『地域文化』72〜79号所載)

6

縄文人は生きている

05・8・6
岡谷市生涯学習大学・講演

はじめに

みなさん、こんにちは。今日八月六日はいまから六〇年前、広島に原子爆弾が落とされて、たくさんの市民が命を失った悲しい日です。話のはじめにまず、この地球上から一日も早く核兵器がなくなること、そして本当の平和が世界中に根づくことを、みなさんで祈りましょう。

さて本日は「梨久保《なしくぼ》縄文セミナー」の第一日目で、みなさんの行動の日程表を拝見すると、今日はもう朝早くからいろいろな〝縄文行動〟をやっていて、わたしのこの話が終わるとすぐまた、明日の梨久保遺跡での〝縄文まつり〟のための準備をするんですね。

さっき明日の〝縄文食フルコース〟のメニューを見せてもらいましたが、ドングリパン、ドングリおはぎ、石焼きバーベキュー、シシカバブー、石蒸し料理、イワナの燻製等々、じつに豪華版でどれもおいしそうです。その下ごしらえをこのあとみなさんがやるのですから大変ですね。僕はお手伝いできませんが、明日は腹いっぱい食べさせてもらうことを楽しみにしています。

というわけで僕の話はみなさんをこれ以上疲れさせないよう、東京の小学生が描いた版画を使って、縄文人ってどんな人びとだったのか、またその人びとがどんな日常生活を営んでいたのかといったことを、明日、梨久保遺跡で〝一日縄文人〟になるみなさんに、少しでも縄文人の世界に入り込みやすいよう、なるべくわかりやすくお話ししたいと思います。

1　縄文人ってどんな人

まちがった縄文人像

いまも申し上げたようにみなさんは今日も午前中から、いやもっと前から明日の準備ということで、もう一生懸命にいろいろな作業をやってきました。そしてわたしたちの祖先である縄文人たちがどんな生活をしていたのだろうかと、体験を通して大昔の歴史を勉強しているわけです。

そのうえでどうでしょうか。縄文人っていったいどんな人びとだったと思っていますか。みなさんそれぞれに違ったイメージをおもちではないでしょうか。縄文人は現在のわたしたちのように、いろいろな便利な道具や機械などもっていないし、食物だってスーパーに行って何でも好きなものを買えるわけでもなく、物質的には貧しい生活をしていたことは確かです。だからそんな暮らしをしていた縄文人はあまり好きじゃないと、敬遠する人もいるかもしれません。

事実、太平洋戦争が終わる前、いまから六〇年前までは、縄文人なんぞは日本国民（「大和民族」）の祖先とはまったく関係ない、先住民族＝野蛮人としてよそ者扱いにされ、歴史の教科書には出てこないし、大昔に日本列島に縄文人がいて縄文文化を栄えさせていた時代があったということは、一部の学者以外日本中の誰一人として知らなかったのです。縄文人にかわって神話に出てくる想像上の神様だけが、日本人の本当の祖先だとみんなが信じていたのです。

そして太平洋戦争が敗戦で終わり、国民の歴史に対する考え方、つまり歴史観が変わって、歴史教科書に縄文人が登場するようになってからも、縄文人に対する大部分の日本人のイメージは、野蛮でみじめな人たちという暗いイメージがいつもつきまとっていました。

これはもう二〇年ほど前のことですが、僕が東京のある女子大学へ行って一年間の講義をやることになった最初の日、「これからみんなに縄文時代のことを中心にして考古学の話をしますが、みんなは縄文人というのはどのような人びとをイメージしていますか。短い感想文を書いてください」といって、いきなりテストをしてみました。

集めた答えを見てみるといろいろなものがありました。森の中を動物といっしょにかけまわる、あの有名な映画で知られるターザンの名前。その頃若者の間で人気のあった髪の毛がもじゃもじゃしたタレントの名。なかには得意なイラストで下半身をイチジクの葉で隠した、マンガチックな原始人の絵を描いたものなど、面白い（？）ユニークな答えがいっぱいありました。

そのうえで肝心な縄文人のイメージについて、一〇〇名近い女子大生の答えを全体としてまとめてみると「縄文人はいつも飢えに苦しみ、暗い竪穴《たてあな》住居の中で土偶《どぐう》や石棒《せきぼう》を供えて、神に祈りを捧げていた、みじめでガツガツしていた人びと」といった縄文人像に要約することができました。

教科書の中の縄文人

いま紹介したような縄文人像あるいは縄文時代観といったものは、僕の教室にいた女子大生だけでなく、少なくともここ一〇年少し前までは、考古学研究者の多くを含めてほとんど大部分の日本人にとって、縄文人に対する平均的な観方ではなかったかと思います。

僕は考古学の専門家ですし、とくに信州育ちの縄文人大好き人間ですから、女子大生たちがそろいもそろって、どうして縄文人をさげすむような答えを出したのかと、つい悲しくなってしまいました。そこでその日家に帰ってすぐ、ちょうどその頃中学生だった僕の娘が、学校で使っている歴史の教科書をひらいてみました（図4）。

縄文時代のことは教科書の約二頁分を使って書かれています。いまから約三〇年前の教科書としては、全体としてごく普通の書き方がされているのではないかと思いました。戦前の教科書では縄文時代のことなど一行も載っていなかったのにくらべると、少しはいいことだと言いたいのですが、よく見るといくつか問題のあるところに気がつきました。とくに最後の二行目にはこんな記述がありました。「当時の人々は、自然のめぐみを神にいのりながら、みんながとぼしい共同の生活をしていたのである」と。

そのうえ、頁の中のかなり大きなスペースをとってデンとかまえる、ややグロテスクな表現の土偶《どぐう》（女性像）を見せつけられては、縄文人はいまの自分たち現代人とは違った、別世界の〝生き物〟かなという印象が強く残ってしまうかもしれません。こうした教科書が女子大生の答えの元であったということがわかりました。

教科書の話が出ましたので、ここで最近世間を騒がせている『新しい歴史教科書』の内容に触れておきたいと思います。この教科書では他の教科書にくらべて珍しく多くの頁を割いて縄文時代のことが扱われ

シリーズ「遺跡を学ぶ」

第Ⅰ期全31冊完結！
A5判96頁オールカラー
各1500円＋税

001 米村 衛　北辺の海の民・モヨロ貝塚

002 木戸雅寿　天下布武の城・安土城

003 若狭 徹　古墳時代の地域社会復元・三ツ寺Ⅰ遺跡

004 勅使河原 彰　原始集落を掘る・尖石遺跡

005 大橋康二　世界をリードした磁器窯・肥前窯

006 小林康男　五千年におよぶムラ・平出遺跡

007 木﨑康弘　豊饒の海の縄文文化・曽畑貝塚

008 佐々木憲一　未盗掘石室の発見・雪野山古墳

009 堤 隆　氷河期を生き抜いた狩人・矢出川遺跡

010 柳沢一男　描かれた黄泉の世界・王塚古墳

011 追川吉生　江戸のミクロコスモス・加賀藩江戸屋敷

012 木村英明　北の黒曜石の道・白滝遺跡群

013 弓場紀知　古代祭祀とシルクロードの終着地・沖ノ島

014 池谷信之　黒潮を渡った黒曜石・見高段間遺跡

015 高田和徳　縄文のイエとムラの風景・御所野遺跡

狩《か》りと漁の生活

日本人の祖先と思われる人々がこの国土で生活しはじめたのは，いまから7～9千年ほど前である。これらの人々が残した貝塚《かいづか》などの遺跡《いせき》から，打製や磨製《ませい》の石の矢じり，やりの穂《ほ》先，土をほる道具，しかなどの骨や角でつくったつり針やもり，また，くるみやくりなどの木の実が発見されている。これらのことから，当時は狩りと漁などの採集生活をしていたことがわかる。

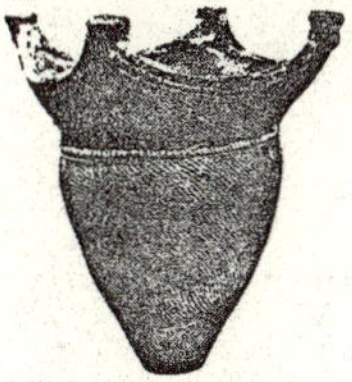

縄文式土器《じょうもんしき》 色は黒かっ色や赤かっ色で，焼いた温度は低く，厚くてもろい。（群馬県出土　高さ22㎝）

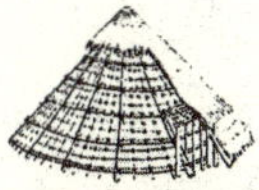

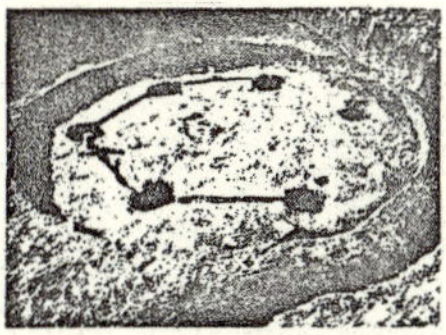

竪穴式住居の遺跡と復元図 柱を立てた穴が六つ，ほぼ中央に炉の跡があり，右手が入口である。（東京都三鷹《みたか》市）

また，多くの土器も発見された。これらの土器は縄目《なわめ》に似たもようのついたものが多いので，**縄文式土器《じょうもんしき》** とよばれる。

縄文式土器をつくり，採集生活をしていた時代を **縄文時代** というが，それは数千年間も続いた。

縄文時代の住居の跡《あと》も各地で発見されている。それは地面を直径5～6ｍの円形や長方形などにほり，そのはしに柱を立てたもので，中央には炉《ろ》の跡が残っている。このような住居を **竪穴式住居《たてあなしき》** という。

当時は，ほとんど全土が森林でおおわれ，平野には沼地《ぬまち》や湿地《しっち》が多く，その間を川がうねうねと流れていた。人々は台地や山すそなどの小高い所に，小さな集まりをつくって住んでいた。

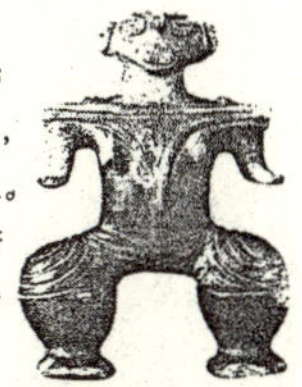

土偶《どぐう》 女性をかたどったものが多い。（青森県出土　高さ20㎝）

この時代の住居は，大きさがほぼ同じで，身分のちがいを示すような物は発見されていない。また，土偶《どぐう》とよばれる土器が発見されているが，それは，自然の産物が豊かなようにといのってつくったものであろうともいわれる。さらに，飢《う》えのため成長の止まった跡《あと》がいくつもある人骨も発見されている。当時の人々は，自然のめぐみを神にいのりながら，みんながとぼしい共同の生活をしていたのである。

図4　教科書の中の縄文人（日本書籍版『中学社会』1977年より抜粋）

ています。そしてその中味は「縄文時代観が変わった」と称されるような、考古学上の新発見の遺跡、たとえば青森県三内丸山《さんないまるやま》遺跡などを大々的に取りあげて、縄文人はすばらしい日本人の祖先であり、彼らの残した歴史遺産は世界中のどこにも負けない、高度な〝文明〟が生み出したものであることが盛んに宣伝されています。そしてそれを同じ著者の書いた別の本では、〝縄文文明〟と称して、エジプトや中国など世界の四大文明と並べて第五の文明とし、それを生み出した縄文人をべた褒めに書いています。

「みじめでガツガツした縄文人」というイメージを与えるさっき例にあげた教科書にくらべると、縄文人の〝地位〟は上がったかに見えますが、その裏に見えかくれする危険な思想があるのです。それは何千年も前に日本列島に第五の文明を作りあげた縄文人（日本民族の祖先）は、世界で最も優秀な民族で、その日本民族が明治時代以降の近・現代にいたって、アジア諸国などを侵し、それを支配したことは歴史的に見ても当然のことだとして、あのアジアの人びとや日本国民にたいへんな不幸をもたらせた「アジア・太平洋戦争」を、まちがった戦争ではなかったといいたいのです。

最近の考古学上の発見や研究で、縄文人に対する観方を変えなければいけないといっても、いくらなんでもこれは困ります。新発見の事実などはまだ十分な学問的な研究の結論がでたわけではありませんし、研究途上の都合のよいところだけを勝手に拾って、縄文人をべた褒めにし、それをのちの歴史にむすびつけて政治的に解釈したり、そのために誇張して教科書などに利用されたのでは、縄文人はきっと戸惑い、迷惑がっているにちがいないと僕は考えるのです。こういう褒め方を「褒め殺し」というんですね。

そしてつくづく教科書というものはむずかしいものだ、また使い方によってはたいへん危険なものだと感じました。それにくらべるとみなさんが取り組んでいる「梨久保縄文セミナー」での勉強のほうが、よほど真実に迫る勉強の場になるだろうと今後も期待いたします。

小学生の縄文人像に感動する

教科書の話でちょっと時間を喰ってしまいました。ここまではいわば「まえがき」で、これからが今日の話の本題ということになります。つまり小学生が描いた版画をもとに、縄文人の暮らしの様子や縄文人がどんな考えをもって生きていたかを探るという話ですが、その前に今日〝教科書〟として使う版画集の成り立ちのことを少し紹介しておきましょう。

女子大学での最初の授業の時間に、縄文人はあまり好きではないと言った多くの女子大生を見て、がっかりしていた頃、僕はすばらしい小学生たちと出会いました。それは東京の郊外にある東久留米で、新山《しんやま》遺跡という縄文中期の終わり頃（約四五〇〇年前）の遺跡を発掘していたとき、一年近くの長期間の発掘調査だったのですが、調査団が発掘現場をいつも市民が見学できるよう公開していたため、付近の団地に住む小学生たちが、学校が終わると毎日のように発掘現場にやってきました。最初は掘りあげて山積みの土の中で遊ぶのが目的だったようですが、日が経つにつれて、遺跡やそこから出る縄文土器に興味をもつようになりました。調査員たちも〝遺跡の子〟としてだんだん仲良しになりました。

そしてその子たちが六年生になった年（一九七九年）に、第七小学校の一七七人の児童たちが、学校の先生や父母、教育委員会の学芸員などの指導と協力を受けて、みんなでいろいろな〝縄文行動〟と称する体験学習を始めました。竪穴住居を作った、土器を作った、石器や骨器を作った、食べるものを作った、敷物や飾るものを作った等々、みんなで手分けしてさまざまな体験を一年間を通じてやりながら、それを「東久留米の縄文の人びと」という、全部で八七枚もの版画からなる一冊の版画集にまとめたのです。

できあがった版画集は僕のところにもすぐ送られてきました。それを見た僕はゴツンと頭をなぐられたようなショックと、そして大きな感動を覚えました。日頃、考古学者などと少し偉そうな顔をしていた僕なんかも思いつかなかったような、じつにいきいきとした縄文人の姿が見事な版画となって描かれていて、本当の縄文人像を小学六年生の子どもたちから教わったと感じたからです。

今日はみなさんの手元に、その版画の一部を縮小コピーしたものを何枚か配ってあります。またこの会場の壁に大きなコピーで八七枚全部を展示してもらってあります。もうそれを見れば僕の話など不必要かと思われるほど、小学生たちが出会った縄文人の生活や心がよくわかると思います。

なおこの版画集は全国の人びとに見ていただきたいと考えて、『縄文人は生きている』（有斐閣、一九八五年）に編集して出版されています。いまでも新版が出ていますから、ぜひ買って見てください。

ここでは版画に描かれた縄文人の姿を追って少し説明を加えますから、梨久保ムラの縄文人であるみなさんも、どうぞ縄文人になりきった気持ちで、一つひとつの絵の中から何かを探し出してください。

2　縄文人の風景

縄文人と向かい合った小学生と大人たち

版画集には共同制作に当たった一七七名全員の自画像が載せられています。今日はそのうち数人分だけコピーで紹介してあります（図5）。みんなが〝縄文行動〟をする中で一番楽しかったこと、苦しかったこと、驚いたことなどをそのときの場面を背景にして版木に彫りこんだ自画像です。縄文人と真剣に向かい合ってがんばっている小学生の姿がありありと目の前に浮かぶようです。どれもこれも詳しく見ると縄文人と重なってとてもおもしろいのですが、時間がありませんのでここでは説明はいたしません。みなさん自身の体験を思い出して、あとで友達と話し合ってください。

この版画集を作り、そしてそのための体験学習の様子をあとから知って感心したことは、その小学校の校長先生をはじめ教職員の人たち、そして父母のみなさん、それに教育委員会の学芸員たちが力をあわせて、あるときは児童たちを近くの雑木林に連れ出して、住居の柱に使う木を伐り倒したり、あるときは河原で石を拾わせ、学校の中の空地で竪穴を掘って、そこに屋根をふいて住居を作り、何人かずつ交替でその竪穴住居で一晩すごしてみたりしたということです。

都会の子だからというより、いまどきの田舎の子どもたちも体験しないようなさまざまな作業を実際にやらせたという点では、その一つひとつが子どもたちに、自然に接する感動を与え、みんな共同して一つ

● **わたしたちの縄文行動**

竪穴住居を作った
土器を作った
石器や骨器を作った
食べる物を作った
敷物や飾る物を作った

図5　縄文行動にとりくんだ小学生の自画像（一部）

のことをやる喜びを、一人ひとりの子どもの心に刻みつけたということです。

小学生にはあるいは無理かなと思われるようなことも含めて、先生や父母が注意深く見守って、一年近くも粘り強く、〝縄文行動〟と称する体験学習を続けたということに対しては、本当に頭を下げたくなるほど感心させられました。

そしてもちろん、小学生たちもよくがんばったぞ！　と褒めてあげたいと思います。

第一景・住みつく

さていよいよ小学生たちが版画に刻みつけた、いきいきとした縄文人の日常の暮らしぶりを追っていきましょう。版画集は「Ⅰ住みつく」「Ⅱ動物を食べる」「Ⅲ植物を食べる」「Ⅳさかえる」「Ⅴおそれとたたかい」「Ⅵ立ち去る」という六つの情景に分かれて構成されています。それぞれの中からいくつかの版画を選んで順番（〇印の番号）に見ていきましょう。なお説明（キャプション）は、すべて小学生がつけたものです。まず第一景の住みつく（図6）から。

②の「旅の一行がさしかかる」は縄文人の家族が、新しく住みつく場所を探して旅をしている光景です。縄文時代はその前の何万年前という古い岩宿《いわじゅく》時代（旧石器時代）にくらべて、一カ所に永く住みつく定住生活の確立した時代といわれています。現代のわたしたちでも家が少し傷んだりすると新しい家に移ったり、ましてや災害などに遭うと、時には村ごと他の土地に移住することがあるように、縄文人だって自然環境の変化などで、まわりに食物にする動物がいなくなったり、木の実があまり実らなかったりすると、どこか新しい土地を求めて引っ越しをしました。②の絵はその光景ですが、縄文人の顔はそんなに悲観したり、淋しそうでもありませんね。

① 縄文集落（ムラ）の原風景

② 旅の一行がさしかかる

③ ここに住みつこうか

④ 柱穴をほり柱木を切る

⑤ 石囲い炉用の石を集める

⑥ 柱組の完成

⑦ 完成の喜び

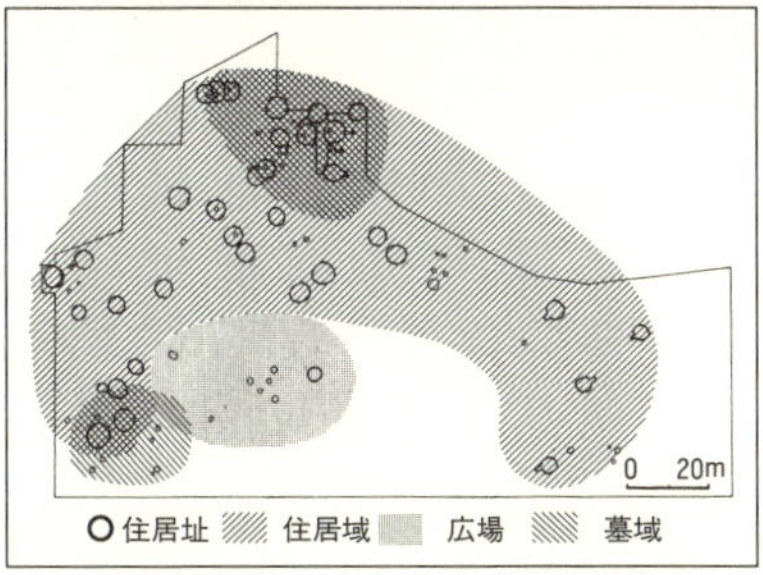

⑧ 新山遺跡（ムラ）の構造（模式図）

図6 第1景・住みつく

③はある場所にたどりついた一行が、ここに住みつこうかどうか真剣に相談しているところです。縄文人は自然の中で生活してきた長い経験から、どんな場所が生活しやすいかちゃんと知っていたようです。だからコピーにはありませんが「川を見つけた」とか、「ああおいしい」という水の大切さを描いた絵がありますし、大雨で大洪水がおきる心配をした絵もあって、結局少し崖の上の平らなところでムラを作ろうと、安全を確かめるといった物語が、小学生の版画にはちゃんと描かれています。

場所が決まると竪穴を掘り、木を伐り倒して柱をたてる絵④や、河原から拾ってきた石で石囲いの炉を作っている女性の絵⑤があります。そして柱組が完成し⑥、やがて屋根にカヤをかぶせたりして住居が完成⑦します。

注意してよく見ると④⑤の絵にくらべて、⑥⑦の絵のほうがより多人数の縄文人の姿が見えます。これは家づくり、ムラづくりという大きな仕事をするのに、一家族だけでなく、他の家族も加わってムラ中の人びとが助け合ってやったんだということを、小学生たちはきっと自分たちの〝縄文行動〟の中で共同してやったことに気づいて、このように絵に描いたのだと思います。

なお⑧には発掘で明らかになった新山遺跡の縄文ムラの全体図、また①では想像したムラの原風景画が示されています。

第二景・動物を食べる

図7の⑩〜⑯の絵には、小学生が想像した縄文人の動物狩りと、魚とりの様子がとても迫力のある表現で描かれています。いちいち説明を加えなくても、何が描かれているのかすぐわかると思いますが、どの絵にも縄文人のたくましい、いきいきとした姿が躍動していて見事です。

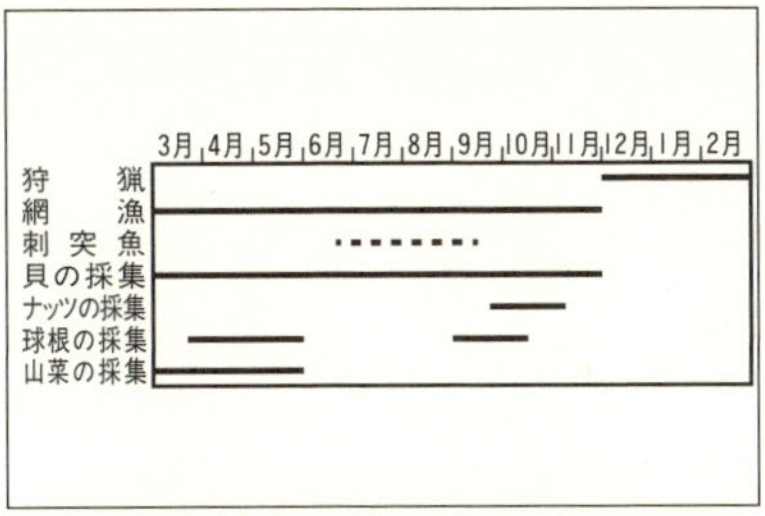

⑨　縄文前期鳥浜貝塚で復元された生業活動の季節性（西田正規氏図）

⑩　いとめる

⑪　イノシシをつく

⑫　にげられた

⑬　追いつめる

⑭　生けどり用の穴をほろう

⑮　魚つりをする

⑯　肉を入れ焼いた石で焼く

図7　第2景・動物を食べる

版画の技術としてもすばらしいと思いましたが、とくに⑮では魚つりを真上から見下したアングルで表現するなんて、とてもすごい〝芸術的感覚〟だなあと僕はちょっと驚きました。

ここで版画を離れて少しむずかしい勉強をしておきましょう。⑨の図表を見てください。これは縄文人が食べ物を求めて、一年間を通してどんな活動をしていたかを、専門の学者が鳥浜《とりはま》貝塚という遺跡の出土品を細かく調べて作った表です。この表で見るといま版画にあったような鹿や猪を獲る狩猟は、主に十二月から二月までの冬の間、海辺や河などで行う網漁《あみぎょ》、つまり魚獲りや貝の採集は水の温かい春から秋まで、そしておそらく一番重要な食物である栗やドングリなど木の実（ナッツ）を集める仕事は、当然のこととして十・十一月の秋に集中しています。

この図表全部の詳しい説明は省略しますが、大事なことは縄文人が四季それぞれの季節に合わせて、自然の恵みを上手に利用して食生活を満たしてきたということです。季節の分かれ目がはっきりしている日本列島で生きた縄文人は、自然を大切に、自然と共生することが世界で一番上手な人びとだったにちがいないということを、わたしたちはここでよく覚えておきたいものと考えます。

第三景・植物を食べる

次に植物を食べるという版画（図8）を見ていきますが、その前にさきほど縄文人の食生活が季節に合わせた自然のものを生かして、とても豊かであったという話をしましたので、まずその続きの話を少ししましょう。

⑰として小さな図があります。根菜《こんさい》・木の実など植物性の食べものと、魚・貝・鳥獣といった動物性の食べものが、太い線で区切られて左右に並べて示してあります。貝塚などの発掘で普通よく出るこうした

食料資源の中で、縄文人の生命を支えるのに最も役立ったものは何か、ということを説明するためにこの図があるのです。

すなわちまず可食部分（実際に食べられる実・肉の部分）と、廃棄部分（殻や骨など食べられない部分）の割合が、上のグラフの網目の部分と白に区別されて示されています。たとえば縄文時代は貝塚が多く残されているから、貝を主食にしたのだろうといった意見が以前にはありましたが、貝の肉はほんのわずかで、大部分は口には入れられない固い殻ばかりです。貝殻はたくさん残っていても、その肉は主食にするほど多くないということです。

それならいろいろな食物の中で、栄養が一番とれるのは何だろうかということが、図表の下のカロリー比というグラフで示されています。だんとつでカロリーの高いのがドングリやクリなどの木の実、そしてそれに根菜を加えた植物質の食料が全体の三分の二以上、七〇パーセント近くも占めることが示されています。

このように縄文人は動物や魚など肉食で生命を支えていたのではなく、山の幸ともいってよい植物から栄養分をとっていたことがはっきりしているのです。これは海辺、河辺の住民でも同じでした。現代の食生活では肉や魚をたくさん食べられるようになって、なかには「オレは毎日肉食だ」なんていう人もいますが、パンや麵や米など植物質の食物をいっしょに食べているはずです。ちなみに僕の子どもの頃の食事は、三食ともご飯に味噌汁、漬物が主で、たまに辛い塩鮭がついていれば大喜びでした。そういう肉以外の食事で成長できたのです。

さて目をまた小学生の版画に戻しましょう。植物を食べると題した七コマの絵は登場人物に女の人が多いことからもうかがえるように、ほとんどは女子児童が描いたものです。じつに細かくきれいに描かれた

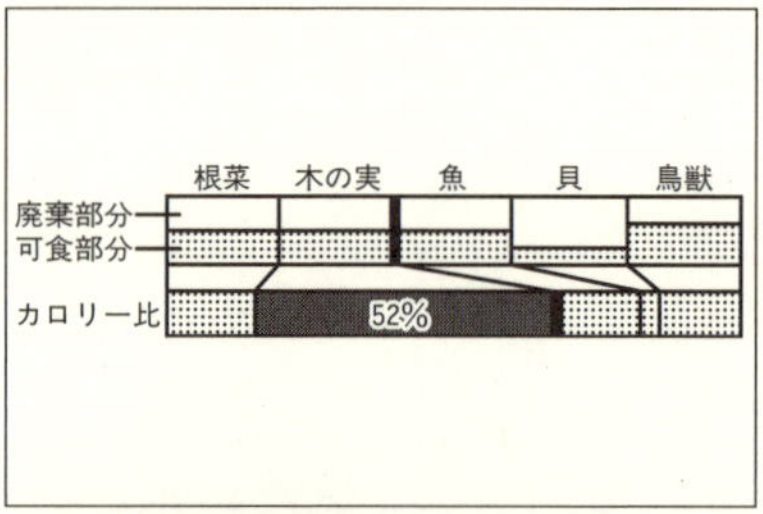

⑰　縄文人の食料別カロリー比
（鈴木公雄氏図）

⑱　この草、食べられるかな

⑲　土器に木の実をとって入れる

⑳　山いもをほる

㉑　流れの早い川にさらしてあくをぬく

㉒　どんぐりをすりつぶす

㉓　山いもをつなぎにだんごを作る

㉔　先を争って野ぶどうをとり、
つるがからまる

図8　第3景・植物を食べる

絵ですね。ていねいに描かれた雑木林の木の葉の美しさに、僕などは改めて自然の森の美しさにみとれてしまいました。

それぞれの絵の説明は小学生がつけた題名でわかると思いますが、⑱の「この草、食べられるかな」という絵をみますと、森の中につくられた〝縄文学校〟そのものですね。子どもたちがムラのお年寄りに一生懸命教えてもらっている姿が、本当にほほえましいではありませんか。ここにいる小・中学生のみんなもきっと毎日、学校でこのように先生と楽しく勉強しているんだろうなと思います。

そしていまここで話を聞いていてくれている〝梨久保ムラの縄文人〟であるみなさんも、これから㉒のようにドングリをすりつぶしたり、㉓のようにしてだんご作りを楽しくやるんでしょうね。

第四景・さかえる

版画集の第Ⅳ章は「さかえる」という題名がついています(図9)。はじめてこの土地に住みついて、みんなで力を合わせて家を造ったり、狩りをしたり、木の実を集めたりいろいろと努力をして、数年もたつとムラでの暮らしも落ち着いて、人びとの心にも余裕ができてきました。そんなときの縄文人たちの楽しい様子や、さまざまな出来事の思い出が、小学生たちによって「さかえる」ととらえられて、いまのわたしたちにも懐しいような版画となって残されたのです。
㉖「縄文土器を作る」はこの版画集の中で一番の〝名画〟だという人が多く、さっき紹介した『縄文人は生きている』という本の表紙の絵にも使いました。大きな土器を器用に作りあげていくお父さんとお母さんの共同作業を見て、子どもが手を叩いて驚きと尊敬の声をかけている叫び声が聞えてくるようです。
この岡谷にもすばらしい縄文土器がたくさん発見されていますが、それらはムラが栄えて、みんなの気

持ちが落ちついて、生活に希望が湧いたときほど立派な土器がたくさん作られたのだといえます。㉙の「家族そろって夕ごはん」、㉛「元気に育て」、㉜「けっこん式」等々どの絵にも、この版画を書いた現代の小学生たちが、大昔の縄文人たちから学んで、いまの自分たちの生活の中にも生かしたいという願いがこめられているような気がいたします。

ここでまたちょっとむずかしい考古学の話をしましょう。㉕に「縄文人の地域別恵まれ度」というイラスト図があります。日本列島をいくつかの地域別に切り離した地図のそれぞれに、厚さの違う菱餅を重ねたように示してあるのは、どこの地域で縄文人の食物になるような資源が、どれだけ多く（また少なく）存在したかを表わしてあります。

前にも少し説明したように、縄文人の一番重要な食料となったのは、クルミ、ドングリ、クリ、トチなどの木の実ですが、それらを合わせて収穫量が最も多いのは長野県を中心とした中部地方です。〝恵まれ度〟は信州あたりが一番高いというのがこの図でいいたいところです。

以前から「信州縄文王国」という呼ばれ方がされているように、山国信州である長野県はかずかずの自然の幸に恵まれ、他のどの地域よりも縄文文化が発達した土地なのです。史跡梨久保遺跡、明治時代以来多くの考古学者が訪れて全国に有名だった、湖畔に近い海戸《かいと》遺跡をはじめ、岡谷にはその〝縄文王国〟を代表する遺跡がいっぱいあるということを、ぜひ心に留めておいてください。

第五景・おそれとたたかい

縄文人と出合った小学生たちは、縄文の人びとがいつでも楽しい、落ち着いた暮らしを続けていたのではなく、自然の中で生きていくためには、時にはたいへん危ないめにあったにちがいないと気づいていま

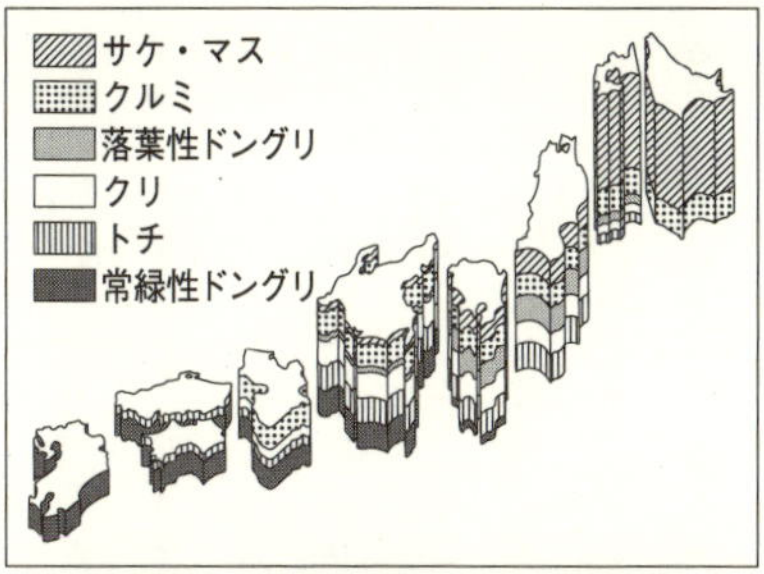

㉕　縄文人の地域別恵まれ度（佐原真氏図）

㉖　縄文土器を作る

㉗　ひすいを交かんしてもらう

㉘　土器でにると貝もすぐ口があく

㉙　家族そろって夕ごはん

㉚　子どもが生まれた

㉛　元気に育て

㉜　けっこん式

図9　第4景・さかえる

した。

版画集の全部を見ると、山火事や大洪水、気候の急変や大噴火による火山灰が降ってきたことなど、縄文人に不幸をもたらす災害や病気、不注意な事故のことを心配した絵がたくさんあります。その中の一部を拾って見てみましょう（図10）。

㉞の「少年がおおかみにおそわれた」や、㉟の「毒木のこを食べて死ぬ少年」などのことは、注意さえすれば防げる事故ですが、㊱の火山灰、㊲の冷たい雨、㊳の気候の変化で虫も死ぬなどの絵に描かれた、自然の災害とか環境の変化といったことは、人間の力ではどうしようもない大変動です。

ここで図表㉝を見てください。これは縄文時代を早期から晩期までの5つの時期ごとに、中部（▨）、関東（■）、東北（▧）の三つの地方で、遺跡の数がどのように変動したかを示したグラフです。これをみんな説明するのは時間がかかりますので、中部地方について見ましょう。

これは八ヶ岳西南麓といわれる、いまの茅野市から富士見町にかけての範囲にある、約四〇〇カ所の縄文遺跡がいつの時期に何カ所あったかを棒グラフで示してあります。パーセンテージで表示してありますが遺跡の実数でいいますと、早期が約三〇カ所、前期が五〇カ所とやや増加し、中期には約一八〇カ所と四倍近くも急に増えます。しかし後期にはまた約四〇カ所に減り、晩期になると一〇カ所にも足りない、しかも小さな遺跡がわずかに残るだけという状態になります。広い八ヶ岳山麓はほとんど無人の地といえます。

どうしてこんなことがおこったのか、小学生たちが版画に描いた縄文人の生活舞台（新山遺跡）は、関東平野の西の端に近いところで、貝塚文化が栄えた海岸地帯からは遠く離れた内陸部の遺跡ですから、図表で説明したような遺跡数の変動などは中部地方と同じだったと考えていいと思います。

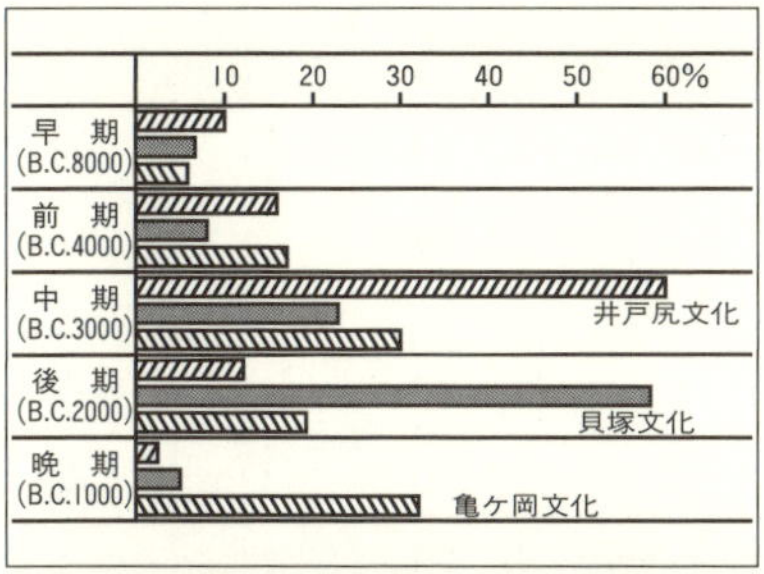

㉝　中部・関東・東北地方における遺跡数の変動

㉞　少年がおおかみにおそわれた

㉟　毒木のこを食べて死ぬ少年

㊱　ふりそそぐ火山灰とたたかう

㊲　冷たい雨がふり続く

㊳　虫も死んでいく

㊴　肉の分配でけんか

㊵　ムラを去る長いあいさつ

図10　第５景・おそれとたたかい

こうした大きな時代と文化の変化の原因となったことを、小学生たちは多くの版画の中に、じつにリアルにわかりやすく描き残したのです。改めてびっくりです。

ところで「おそれとたたかい」の七コマの絵の中で㊴の「肉の分配でけんか」を見てください。版画集全体の中でその中味も画面も最も暗い絵です。小学生たちは自然環境の変化がおこって食べ物が足りなくなったら、縄文人はどうなるだろうと心配してこの絵を思いついたのでしょう。その気持ちはよくわかりますね。僕だって子どもの頃、兄弟が多かったものだから、食事のとき大皿で出されたおかずをとりあったり、おやつの残り一つをめぐって兄弟げんかをするのはしょっちゅうでした。縄文人だってわたしたちと同じ人間だから、この絵のような場面があっても仕方ありません。

しかしだからといって一部の研究者が主張するように、縄文人は野性的で闘争本能も強かったから、縄文時代にも当然戦争があったと無理に主張するような意見には反対です。いまわたしたちが「イラク戦争」とか、これから絶対引き起こしてはならない「核戦争」は、縄文人が肉のとり合いでやったケンカとか、僕の子どもの頃の兄弟ゲンカとはまったく違うのです。いままで多くの小学生の版画で見てきたように、縄文人は自然と直接向かい合って、みんなで力を合わせ、知恵を出し合いながら、自然と共生した暮らしを守り、文化と生活の向上のための精一杯な努力をしていた人たちなのです。

そのことは同じムラの仲間同士だけではなく、たとえば信州の特産品の一つである黒耀石を、何百キロも遠くの地へ持ち運んで他の物と交換したりすることのできた社会関係は、戦争がいつ起こるかもわからないような状態のもとでは決して成り立たないのです。

だから僕は、縄文人とは自然を大事にし、平和を愛した人びとであったからこそ、世界歴史のうえで稀に見る一万年以上も続いた縄文文化を残したのだと考えています。そうした伝統を引き継いで二〇世紀の

㊶　動物の動きを見て道順を決める

㊷　旅立ち

図11　第６景・立ち去る

日本人が、人類史上はじめてといわれる、戦争をもうしないことを決意した平和憲法を作ったのだと思います。だから縄文人にかわって、その人類史の宝ともいえる憲法を守りつづけるべきだと、僕は決意しているのです。

　話が少し飛躍してしまいましたが、縄文の人びとは肉のとり合いでケンカをしてしまいましたが、それはいけないとすぐ気がついて仲直りをし、このままこの地にとどまることはよくないから、次の新しい生活を切り拓こうと決意しました。そして仲直りの誓いと、それまで住んでいた土地、自然への感謝の祈りを捧げるのです。㊵「ムラを去る長いあいさつ」がその光景だと思います。

第六景・立ち去る

こうして永年住みなれた新山ムラを立ち去る日がきました。その縄文人の最後の姿を知るために二コマの版画を用意しました。㊶「動物の動きを見て道順を決める」とは、いかにも自然と共生することを第一に考えた、縄文人らしい知恵ですね。小学生の着想にまたびっくりです。

　そして㊷は新天地を求めて旅立つ一行の姿です。僕はこの絵を見ていつも思います。それはみんなの顔や身体の動きに、新しい生活への決意や夢をみなぎらせているのが見えても、落ち込んだり悲観している様子はまったく感じられない、じつに堂々としていることです。縄文人は本当に強くたくましく生きつづけた人びとなんだなあと、つくづく感心します。きっとこうして生き抜き、長い時間を旅して数千年後に私たちが生きているんだなあと思います。

だから小学生の版画集をあとで本として出版したとき、その縄文人と小学生たちの両方に敬愛の心をこめて、『縄文人は生きている』と題名をつけたのです。

3　小学生たちの縄文時代観

以上、東京の郊外都市東久留米市の新山遺跡で、はじめて縄文人と出合った小学生一七七名が描いた版画を追って、縄文人の暮らしと心を見てきました。今日の話のはじめのほうで紹介した、教科書の上だけで勉強してきた女子大生が抱いていたイメージとはまったく違った縄文人たちと、この小学生たちは感動的な出合いをしたのだということがよくわかったと思います。

さて、その小学生たちが〝縄文行動〟をし、版画を描きおわったあとで書いた感想文が、版画集の中に収録されています。その一部をコピーしてみなさんのところに配ってあります。そのいくつかをここで読んでみましょう。できたら会場の中のみなさんに交替で少しずつ読んでもらいます。そこのあなた、中学生かな、まず読んでください。

「いまわたしたちが使っているもののもとは、ほとんど縄文の人々が考え出したのじゃないかなあと気がついた。それに縄文の人々がいなければ、わたしたちだって生まれてこなかったのだから、感謝しなくっちゃと思った」

そうですね。いまもわたしたちの生活の中に残っている道具や食物の習慣、そして古い信仰のうちのあるものは、かなり多くが縄文人の伝統をひくものだという研究を発表した学者もいます。そして縄文文化は日本の〝基層文化〟だという考えや、人類学的にも縄文人はいまの日本人と血のつながる直接の祖先だという考えは、いまやかなり常識的なことになっています。次の人お願いします。

「わたくしはいま、何でもできたものにたよって、自分で作れるものも作らないでいるが、これでいいのかなあ、と思った」

あまりよくないことですね。よくテレビなどでやっていますが、仕事に忙しいお母さんが家で食事の用意をしないで、スーパーなどで買ってきたインスタント食品ばかり食べさせられていた子どもが、なにか淋しそうで暗い気持ちの子どもになりそうだなんて話は、日本の食文化だけでなく文化全体や人間関係などをこわしてしまう原因になるかもしれません。次どうぞ。

「機械をかりずに自然物と自分の工夫と体力で生きていくことは、とてもむずかしいと思われるのに、縄文の人びとはよくがんばって生きてきたなあ、ぼくたちの何百倍も努力したんじゃないかなあ」

そのとおりです。努力をしなければ生き残れなかったし、いまのわたしたちにつながるような進歩の歴史もなかったはずです。でも版画で見たように縄文人はいつでも夢をもって未来に向かって生きていたようですね。最後をどうぞ。

「縄文の人びとは、生活のもとになるものを築いて残してくれたから、ぼくたちも、後の人間たちのために、何かを残していきたい」

以上で朗読はやめますが、どれもこれもみんないい感想文です。縄文人を素直にほめたたえ、とくに縄文人から教えられたことを、いま生きている自分たちの問題と結びつけて、反省やこれからの決心を語っているところがとてもすばらしいと思いました。

最後に読んでもらった感想文などは、歴史や考古学を学ぶ人たちにとって、学ぶ心の原点の言葉といってよいもので、小学六年生とは思えないような立派な言葉です。すべての日本人、とくに総理大臣をはじめ、いまの政治家などに聞かせたいような言葉です。

また『新しい歴史教科書』などを作った人たちに、縄文人を褒め殺しにするのではなく、体験学習などを通じて実感として捉えた、こういう小学生たちの縄文人像を学んでほしいと思うのです。

長い話で少々疲れてしまったのではないかと心配ですが、最後に一言話します。

ここ最近一〇年くらいの間に、たとえば三内丸山遺跡のような大発見が続いて、学者たちも新聞やテレビなどでも、「縄文時代観が変わった」とか、「縄文人像が変わった」ということを、それぞれ大声で騒いでいます。どう変わったかというと、小学生が版画に描き出したように、いきいきとしたたくましい縄文人が、想像もしていなかったようなすばらしい歴史遺産を生み出していたことを再発見したということです。

東久留米第七小学校の六年生たちは、もう三〇年近くも前に、いま大騒ぎされているような縄文人像を見つけ出していたということを、改めてすばらしいことだったと褒めてあげようではありませんか。

そのうえでみなさんと約束したいことは、考古学の研究者も、文化財保護を担当する行政も、そして地域のみなさんも共同して、東久留米市の小学生がそうだったように、縄文人と出合って将来への決心を語ることができる勉強の場を、子どもたちにたくさん与える努力をしようということです。

僕はこの岡谷で生まれ岡谷で育てられた〝考古ボーイ〟の一人でした。中・高校生のとき、梨久保や海戸や下り林《くだりばやし》などという遺跡を掘って、そこでの勉強がもとになって考古学の専門家の一人になりました。岡谷の地には子どもたちの夢につながるような、考古学ばかりではない、たとえば製糸業などに関する一般の歴史遺産がたくさんあるのです。どうかそれらを大切にし、教育の素材としても十分に活用されるよう期待しています。

明日の〝梨久保ムラ縄文まつり〟はその一環であろうと信じて、楽しみに参加させていただきます。以上で終わります。

7

06・5・9
尖石縄文考古館・対談

仮面土偶発見！　あの感動をいま一度

（司会者）　茅野市中ツ原《なかっぱら》遺跡出土の〝仮面の女神〟という愛称をもつ大形土偶が、去る三月十五日、国の文化審議会から文部科学大臣に、重要文化財に指定すべきとの答申が出され、国宝〝縄文のビーナス〟に続いて、茅野市はまた貴重な縄文の宝をもつことになりました。

このことを記念して、尖石縄文考古館では今後一年間にわたって、各種の記念行事を行いますが、今日はそのトップを切って、二〇〇〇年八月にこの仮面土偶が発見されたときの感動を、多くの市民のみなさんとともによみがえらせたいということで、遺跡で直接土偶の発掘に当たった関係者の方々から、その様子や感動、そして仮面土偶発見の意義などを語っていただくことにしました。

①戸沢さんはお忙しい中、何をおいてもという感じで現場にかけつけられたと聞いております。そして発掘から取り上げまで、遺跡で立ち合われたのですね。

図12　仮面土偶の取り上げ作業（尖石縄文考古館提供）

（戸沢）　はいそうだと思います。といっても急なことでしたので、東京と茅野の間を車で、一週間に四回も往復するような日程でした。そのときの簡単なメモ日誌が残っていましたのでご紹介しておきましょう。

八月二十五日　午後三時前、尖石（博物館）の功刀《くぬぎ》君より電話くる。あわてて車でとび出す。二時間余りで博物館に着く。夕暮れになってしまったので土偶との対面は明日に延期。（注　土偶の発見は公式には八月二十三日と記録されているので、わたしが通報を受けたのは二日後ということになります。）

八月二十六日　午前一〇時、中ッ原の土偶を見る。まさに国宝級！　現場視察に見えた市長等と今後の対応を協議。午後も発掘に立ち合い、夕方、茅野発帰宅。（注　このときの市長との話し合いで、遺跡の一部保存と、遺跡公園化計画を話し合い、関係者の努力で、後日それが実現しました。）

八月二十八日　午後、土偶の出土状況をマスコミ関係者に公開。記者等約五〇名。夜遅く帰宅。

八月二十九日　昨夜から早朝にわたって取材電話し

ばしば。（注　この日現地では一般公開。市民をはじめ全国各地から四〇〇〇名の見学者が訪れ、市長以下多数の職員が交通整理などに奮闘しました。）

八月三十一日　土偶取り上げ立ち合いのため、朝七時の〝あずさ〟で茅野へ。一日中土手にすわって興奮の連続。最後に、完形で中空の土偶であることを確認、博物館の収蔵庫に入ったことを確めて、帰る。

以上がわたしが仮面土偶の発掘に立ち合った一週間のそのときの記録です。

②実際に現場で実物をごらんになって、どんなお気持ちでしたか。土偶は想像していたとおりのものでしたか。

それは、想像以上だったか、以下かなどといった問題ではないと思います。

その前に、だいたい土偶なんていう遺物は、考古資料の中では珍品といわれ、もともと数も少ないものです。わたしなどこの六〇年間に、あちらこちらで一〇〇カ所以上の遺跡を掘ったと思いますが、せいぜいその数カ所の遺跡で、こわれた土偶の脚とか、胴体の破片などに当たったことはありますが、顔のわかるような首から上の土偶すら手にしたことはありません。

国宝土偶である〝縄文のビーナス〟も、遺跡から取り上げられた直後に、箱の中に寝ているのを見ただけです。だから全高三〇センチを超えるような大形土偶が完全な形で、しかも一つの墓の中に昔のままの状態で出てきた土偶を、発見直後から取り上げまで、ほぼ最初から最後までつき合うことができたなんてことは、本当に感動きわまれりといったところです。

考古学者でこんな幸運にめぐり合うことができたのは、中ツ原で直接発掘にたずさわっていたみなさんを除いて、日本中でわたしが一人だけだったのですが、その仮面土偶が、こんど国の重要文化財に指定されたのですから、その喜びはひとしおなものがあります。

③土偶とは、そもそも何だったのでしょう。

専門家にとっては一番難しい質問がきました。すべての考古学者にとって共通の定義として答えられるのは、「人体を表現した土製品」ということだと思います。それ以上は個々のあるいは全体についての解釈とか仮説にすぎないと言うべきです。もっとも『広辞苑』などという辞書には「呪術用または護符的なものか」という説明が付け加えられていますが、これも考古学者の仮説の一部を採用したものです。したがって「土の人形」という以上の定説は、残念ながらいまのところないというのが、質問に対する正確な答えだと考えています。

そのうえであえて私見を加えるならば、土偶そのものは何らかの役割をもった「道具」というより、その時代、地域の縄文人の精神文化、またその基盤となった生活文化の高揚の中で生み出された、最高の「芸術品」の一つであると捉えておいたほうがいいと考えます。

とくにこの〝仮面の女神〟や、国宝にもなった〝縄文のビーナス〟のような大形で、見事な造型美をもった土偶に、発掘現場で直接かかわりをもったわたしにはそういう想いが強いのです。こういう「芸術品」が存在したその遺跡や、あるいはもっと広範囲の八ケ岳西南麓という地域全体の遺跡群の脈絡で、その存在意義を二人の土偶のために考えてあげたい気持ちです。それこそまさに「縄文王国」の至宝ともいうべき歴史遺産なのですから。

④ところで土偶のほとんどは女性像だといわれますが、実際の縄文女性を模したものなのでしょうか。それとも神のような架空のものの表現なのでしょうか。

これは前の質問よりもっとややこしい質問ですね。とくにわたし自身は無神論者というべきか汎神論者というべきか、いずれにしても神様のことはよくわからないので困ってしまいます。

それでやや比喩的ないい方になりますが、いまでも家庭の主婦のことを「うちのカミさん」などとよく言いますし、その語源の「御上さん」（いまでは「女将さん」としてよく使われる）は、ある立場の女性に対する尊称ですね。おそらく土偶も同様に架空の神様《かみさん》ではなく、身近かで尊敬に値する実際の女性を対象にして作られたと思います。

先ほど、〝仮面の女神〟や〝縄文のビーナス〟といった土偶は、縄文時代の最高の芸術品といいましたが、これも多少比喩的な説明になりますが、現代における最高の芸術家が精魂こめて描いたり、造型化する女性像の中には、われわれ凡人が常識的に美人と見るには、かなり違和感を与えるものが少なくありませんね。土偶の作者が女性美として何を求め、何をどのように表現しようとしたのか、その心性を探し出すことなど、とても不可能なことだと思います。おそらくそれは時代時代によっても大きな違いがあるはずです。

話はとびますが、国宝になった棚畑《たなばた》遺跡の大形土偶に、〝縄文のビーナス〟と名づけたのは、不肖といいましょうか、失礼ながらこのわたしでした。それはそれまでにわたしが見た縄文土偶の中で、その土偶が表情といい、全体の姿態といい、縄文女性の豊満な美しさを一番生々しく表現しているのではないかと直感したからです。「縄文王国」八ケ岳山麓にはその豊かさを生み出す、縄文時代最高の文化的基盤があったと、前々から考えていたためです。

そしてその美は、ギリシャ時代の芸術家が最高の美人として表現し、現代のわたしたちもギリシャ文明の知性を代表する女性美の典型だと目に焼きついている、あの〝ミロのビーナス〟を〝縄文のビーナス〟に重ねて連想したのです。

しかし〝仮面の女神〟は〝ビーナス〟とは少し違うようですね。それがなぜなのかはこれからの話題かもしれません。

⑤今度、土偶とともに浅鉢形土器八点が一緒に指定されましたが、その意味は何だったのでしょうか。

このことは仮面土偶の出土状態や、浅鉢《あさばち》形土器そのものについて、調査担当者から詳しく紹介されたように、浅鉢そのものが重要であるということよりも、土偶が横たわっていた穴が墓であること、そしてその周辺に、土偶こそなかったが、鉢で頭を覆った埋葬人骨（甕被《かめかぶ》り葬）の墓があったという意義が重要視された結果だと考えます。

このように中ツ原遺跡という大きな集落の中に墓地があり、その多くの墓の一つから、大形の完形土偶が、昔の状態のまま出土したという例は、おそらくいままで全国でも唯一の例だと思います。いまだに謎といってもよい土偶の性格を知り、そのことをめぐってその墓に葬られた人と、周辺の甕被りの人々との関係、さらに中ツ原遺跡の縄文集落全体の人々の社会関係を追究するため、最重要な遺跡であり発見であると評価された結果です。

その意味で、矢崎市長さんはじめ地元のみなさんや関係者のご尽力で、中ツ原遺跡全体からいえばそのごく一部だったとはいえ、仮面土偶出土地がそのまま保存されて、土偶の出土状況がそのまま見えるように、遺跡公園化の整備ができたことは、非常に重要な意味があると考えます。

かえりみると、国宝〝縄文のビーナス〟の出土した棚畑遺跡が、いま原状をまったくとどめていないのは、かえすがえすも残念なことです。

⑥国宝の〝縄文のビーナス〟と、今度重要文化財となった〝仮面の女神〟をくらべて、どちらか一点といわれたら、戸沢さんはどちらがお気に入りでしょうか。

図13　国の重要文化財に指定された仮面土偶
（尖石縄文考古館提供）

わたしがどちらかというと、二人の〝縄文女性〟とわたしの三角関係がこじれるおそれがありますから、それにはお答えできません。

これは冗談としても、二つの縄文土偶のうち、〝縄文のビーナス〟は縄文中期の約五〇〇〇年前、〝仮面の女神〟は後期の四〇〇〇年前に作られたものです。その間約一〇〇〇年という時間差があります。考古学者が一〇〇〇年だとか、数百年だとか平気で年代を数字でいいますが、現代人であるわたしたちの感覚からいえば、それはとてつもなく長い大きな年代差です。この二つの土偶がそれぞれ作られた時間差は、同じ縄文人といっても、生活や社会、そして自然環境のうえでもかなりの違いがあり、縄文人の心性や感覚（芸術観といってもよいかもしれない）にも、大きな変化や進歩（あるいは退化）があったと考えられます。

だから二つの縄文土偶（女性）にも、それぞれの特徴と存在意義があったのです。だからわたしは考古学者として、両方の土偶を愛します。そういった想いで、一方が国宝で他方がそうではないというのは、学術的にも、芸術的な面から見ても、不合理なことと思っています。〝仮面の女神〟のために近い将来の栄光が訪れることを祈っています。

⑦〝仮面の女神〟が国宝になることを期待しますが、戸沢さんは仮面土偶を通じて、今後の縄文文化研究について、どのようなことを期待されているか、最後に話してください。

いままでの質問に答えたわたしの勝手なおしゃべりの中で、今後の期待も多少匂わしたのではないかと思います。

〝仮面の女神〟、それに加えて〝縄文のビーナス〟についても、真の学問的、歴史上の意義を明らかにするための研究は、すべてこれからの研究にかかっていると考えます。

この二つの貴重な土偶のそれぞれの出土状態の特徴、造形上の技術や表現が示す明らかな違いなどが、何に原因して生じたものかを知るには、茅野市域だけでなく、少なくとも八ケ岳山麓全域にわたる豊富な遺跡や遺物を総合的に研究し、縄文時代全体に関連をもつような「考古地域史」を、きちんと組み立てることに、地域のみなさんがつとめることが必要です。個別に珍品である土偶だけに注目していても、二つの土偶は歴史の中で本当の輝きを発揮できません。

こうした目標をもって、縄文人の歴史を正しく日本歴史の中に位置づけるような研究は、宮坂英弌《ふさかず》先生や藤森栄一先生といった、すぐれた在野考古学者の研究を引き継ぎ、国宝・重要文化財という二つのすばらしい縄文土偶を有する、この「縄文王国」の中核をなす地、八ケ岳山麓をおいてほかにないものと信じています。みんなでがんばりましょう。

8

地域研究がとらえた井戸尻文化

04・8・21
井戸尻考古館・講演

井戸尻考古館が、今年（二〇〇四年）で、建館三〇周年を迎えたことを、まずはじめに、みなさんとともに、心から、およろこびいたしたいと思います。

とくに、一昨年（二〇〇二年）には、「甦る高原の縄文王国」という、たいへん意義深いイベントを行って、たくさんの人々から注目を浴び、その内容を記録した本も、非常に好評とのことで、誠にご同慶のいたりと存じます。三〇周年を機に考古館がますます発展することを心から期待します。

きょうはたくさんの方が各地からお集まりになっているとお聞きしています。建館三〇年に最新の成果等を含めたほんとうにいい話をしたいという気持ちはいっぱいですが、なにしろ大学も学界も現役引退し、今年の夏はとくに猛暑でして、東京は昨日も三六度で、一カ月半、家からまったく出ず、今日初めて家を出てきました。そんなわけでとても新しい学界の第一線の話はできませんが、建館三〇周年、あるいはそれ以前の過去のことをふり返りながら、井戸尻文化というものがどういうかたちで研究されてきたか、それがいまの日本の考古学の研究のうえでどんな大きな意義をもっているか、ということをわたしなりに思い出話を混じえて、話をさせていただきたいと思います。どうぞみなさんも肩を凝らさずにゆっくりとお聞きいただきたいと思います。

1　井戸尻文化研究の原点

遺跡と遺物に歴史を感ずる発想

さて、先ほど紹介しました『甦る高原の縄文王国』の一連の講演の記録集、その本の冒頭に、初代考古館館長武藤雄六さんの「それからちょうど四十年」という文章がのっています。もうお読みになった方も多いと思いますが、藤内《とうない》遺跡がどんな遺跡かということを、その最初の発掘からの経過をたどりながら、発掘によって、何がわかり、何が問題になったかを、武藤さんのお人柄そのもののように、飾り気ない語り口で、たんたんと回想されている、短いけれどとても素晴らしい文章だと思います。

その武藤さんの回想を読みますと、たとえば、藤内九号住居址に関していえば、焼けぼっくいの柱の炭化材が栗の木であり、それには枘穴《ほぞ》が切ってあることや、火棚があったこと、カヤを葺いた屋根の構造がわかったこと等々、四〇年前当時の日本考古学界では、まだ誰ひとりあまり注意もせず、深く関心をもったこともないような（建築学者は関心をもっていたかもしれませんが）縄文時代の住居の構造について、きちんと発掘し、観察していたことが語られています。

もう一つ例をあげましょう。有名な藤内特殊遺構についてですが、当時は十分な調査の余裕がなく、遺構の調査が不十分なままでしたが、いまはそれらは藤内集落の中に残された墓、それがいくつか集中して存在する墓域だったとされています。

そこから発掘された土器は、一括して重要文化財に指定されましたが、いずれも素晴らしい縄文土器ですね。すこし余談になりますが、一昨年の展覧会のときはじめてお目にかかったあの神像筒形《しんぞうつつがた》土器（図14）といわれる土器、それを見て思わずうなってしまって、その後、エジプトの有名なツタンカーメンの黄金のマスクをつけたミイラの棺に優る造形芸術だ、などと文章に書いたことがあります。無責任のついでにいいますと、わたしは国宝土偶〝縄文のビーナス〟を所蔵する、尖石縄文考古館の名誉館長ですが、この藤内の神像筒形土器は、〝縄文ビーナス〟に優るとも劣らない縄文芸術の粋をきわめたものとして、国宝の称号を与えて然るべきだと思いますが、どうでしょう。

図14　神像筒形土器（井戸尻考古館提供）

話をもとにもどしますが、武藤さんは特殊遺構の土器のもつ特殊性にいち早く注目しています。その後、学界等でとくに話題になったのは有孔鍔付《ゆうこうつばつき》土器ですが、これについては来週、山梨の長沢宏昌さんが専門的立場からご講演されるようですから、よくお聞き下さい。

わたしがいまここで指摘したいことは、その土器が酒壺か太鼓かなどといった、その土器そのものの用途といったことではなく、武藤さんやまわりの井戸尻のみなさんは、その土器が普通に住居などで煮炊きなどに使われる土器とはちがって、大きさも作り方も、土器を飾る文様などいろいろな点で、他の土器とはちがうということに注意を向け、「いったいこりゃ何ヅラ」と熱心に疑問をいだいたことです。

以上、武藤さんの講演記録をもとに、住居構造と特殊遺構の土器のことを例に、四〇年前の藤内遺跡でのユニークな着眼点を紹介いたしましたが、それは、これこそが「井戸尻文化」研究の原点だということを思い出し、確認するためであります。これらの点については、あとの話のほうでまたふれたいと思いますが、その前にもう一つ井戸尻文化研究の原点となる、重要な問題にふれておきたいと思います。

地域に親しむ村人たちの研究の道

武藤雄六さんの「それからちょうど四十年」という藤内遺跡発掘の回想の文章には、はじめのほうにこんなことが書かれています。

それは太平洋戦争の敗戦後、まだ未開墾地であったこの地に、開拓者になった人々が入植し、大変な苦労を重ねて開墾をし、一〇年近くもかかってようやく作物がとれるようになって、ほっと一息ついたところで、開拓者のお一人であった小平辰夫さんが、小学校の恩師でもあった尖石の宮坂英式《ふさかず》先生に、自分たちが開墾したその土地で、土器や石器がいっぱい出ることを知らせ、一九五三年(昭和二十八)、いまから五〇年前の十一月には、宮坂先生をおよびして最初の発掘をし、住居址二軒を掘り出しました。この発掘を手伝った小平さんはもとより、これを見ていた村の人々もきっとおおいに驚き、それ以上に自分たちが開墾したばかりのその土地が、何千年も前の縄文人が最初に住んだ場所だと知って、たいへん感動されたのだと思います。

そんなことが動機となって、「おらあとうの村の遺跡は、おらあとうの手で掘り、おらあとうの村の歴史を自分で明らかにしよう」ということで、村人たちの意志にもとづく、村の人たち独自の発掘を始めるようになったのです。「井戸尻遺跡保存会」発足の基礎でした。

武藤さんはそうした発掘の経過やようすを、本の中でたんたんと語っていますが、その中で発掘にかかる費用などは全部自弁。農作業の暇をみつけて弁当持参の参加。測量や発掘の細かな機械は全部借り物。もちろん仕事を休んで発掘に行っても、一銭の賃金も出ないといった具合で、みんなが苦労したことを書いています。昼休みのとき、武藤さんの弁当に白米のメシがつまっているのを見て、開拓者の小平さんがうらやましがったというようなエピソードも書かれていました。

そしてこの文章の最後のまとめの言葉として武藤さんは、藤内遺跡の遺物がいま重要文化財に指定された陰には、苦しい思いをしながら遺物を保存し、発掘をしていた人がいたということ、陰にかくれて表に出ないで苦労した人がたくさんいるのだということを、肝に銘じ頭の中にしまっておいていただきたいと思いますと話して、結びとしています。

ここまで武藤雄六さんの回想談によりながら、井戸尻考古館創立三〇周年のそれ以前から始まっていた藤内遺跡の発掘、そしてその後の井戸尻遺跡群の発掘と研究を中心とした、さまざまな考古学の成果が生み出された、いわばその原点が何であるかということを話してまいりました。いいなおせば、今日の講演でわたしに与えられたテーマ「地域研究がとらえた井戸尻文化」について、もう結論をいってしまったようなものです。

これまでの話を要約すれば、次のようになります。すなわちその第一の点は、井戸尻文化の研究はこれまでの日本考古学史上のどんな業績にもまして、縄文人というわれわれの祖先である古代の人々の生活に密着したさまざまな問題に迫り、多くのユニークな成果を生み出し、その結果、日本の考古学の研究に新しい学風を送り、ここ一〇年来マスコミなどが盛んに使った「縄文時代観が変わる」などという言葉の意味を、先見的かつ具体的に明らかにした研究であったということです。

そして第二の点は、そうした研究ができたのは、地域で農業などをして日常生活している一般の村民の自主的な活動として始まり、みんながその土地の歴史を愛し、そこに生きる生活実感に基いて、遺跡や遺物が遠い祖先たちの生活にどんな役割をもち、そしてそれらがいまの自分たちの生活とどんなつながりや、かかわりをもっていたかということに、素朴ではあっても真剣な関心をもっていたということが、大きな基礎となっていたからです。わたしが縄文農耕のことを語るときなど、武藤さんから「百姓をやったことがない者がどうのこうの、なんだかんだと言っても始まらねえぞ」とよく言われました。「ハイ、そうですね」と頭を下げて聞いていたわけです。そして井戸尻のみなさんからたくさんのことを学びました。

2　新しい研究の視点

武藤さんの回顧談にあった藤内遺跡の発掘があった同じ年の一九五三年に、まったく偶然のことでお互いにまだ知らなかったことですが、当時大学二年生のわたしが夏休みで帰省すると、藤森栄一先生から「富士見の新道《あらみち》というところで住居跡らしいものが見つかったから、君、発掘してこい」と命令されました。高校生だった松沢亜生さんや藤森先生のお嬢さんの三姉妹を調査隊員として、数日間、上諏訪から富士見に発掘に通いました。新道遺跡のことはあとで少しふれますが、これがわたしにとっては最初の（そして最後の?）富士見での発掘、「井戸尻文化」研究の唯一のフィールドでした。

しかしわたしはその後の井戸尻遺跡保存会や井戸尻考古館のみなさんの調査や研究にはつねに注目し、多くのことを学ばせていただきました。そしていままでにいくつかの論文を書き、大学の講義、一般向けの講演などで、よく井戸尻の研究の成果を紹介しまた利用してきました。今日は井戸尻文化や、その基盤にある縄文農耕論を、全体的に、体系的にお話しする場ではありませんし、それをしようとすれば、厖大な時間がかかりますので、わたしが講義等で使ってきた古い図や表のいくつかを資料として示しながら、井戸尻文化研究の特徴についてその概要をお話しし、若干の感想を加えるということにします。

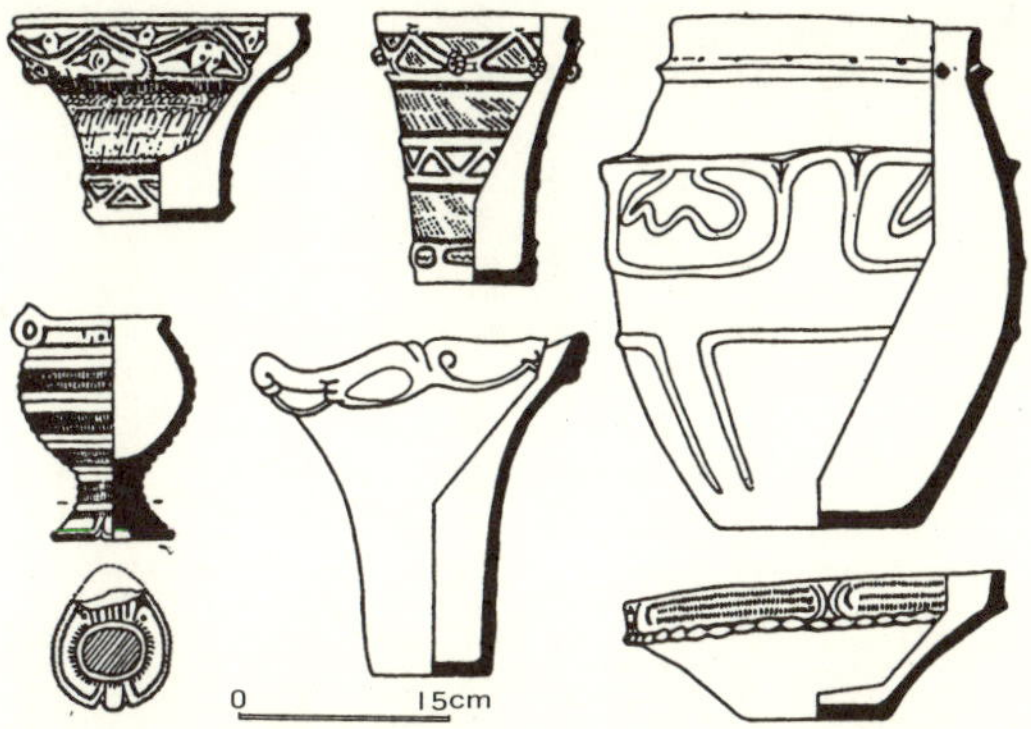

図15　新道遺跡の一括土器
（1953年発掘　58年『考古学手帖』1所収）

井戸尻編年の意義

新道遺跡の一括土器（図15）は、先ほど思い出話として語った、一九五三年に高森地区の小林武さんの屋敷内で発掘したものです。住居址はずっと以前に道路によって半分失われていましたが、残った部分は焼土（灰）や炭の層に厚くおおわれていて、藤内九号のような火災によって失われた住居で、遺物の保存状況は良好でした。図にあるような完形土器と、石斧《せきふ》や石鏃《せきぞく》などの石器、それに、矢じりを作るために貯えられた黒耀石の原石など、それらはまさに縄文時代の人々の生活に必要な一住居＝家族道具（家財）の典型的な一セットを示していると見られました。

とくに土器についてはちょうどそのころから、東京の若い研究者の間で中期の土器が注目されはじめ、土器の編年を考えるにも、特定の土器の文様だけをとらえて新旧の編年を組み立てる方法論には限界があると反省の声があがっていました。そこで注目されたのが新道の一括土器で、松沢さんが『考古学手帖』という研究誌にこの図で紹介して、新しい土器型式のとらえ方に貢献しました。

その後の井戸尻文化の研究では、土器群を竪穴住居単位のセット（一括出土土器群）でとらえて編年研究の基準資料とする方法が開拓され、「井戸尻編年」という名で学界一般に受けいれられました。これはそれ以前のように土器は文様などによって年代を決めるだけでなく、生活の変化の実態を示す土器編年として評価され、新しい研究の方向を指し示しました。

というのは先ほども言いましたように、土器は日常的に物を煮たり、炊いたり、食器に使われたり、貯蔵したり、いろんなことに使われるわけです。それが土器の形の上に用途の違いとして表われているのです。こういう土器が時間によってどういうふうに変わっていくのか、土器そのものの型式上の変化だけではなくて、土器を使った人たちの生活の実態、実態とまでいかないかもしれませんが、土器を観察することによって食生活の復原といったような研究が井戸尻で始まったのです。当時の学界状況の中では、井戸尻文化研究の中でなければなしえなかったような、新しい研究の視点です。

住まいの復原

図16の藤内九号住居址の構造というのは、今日の話のはじめに、武藤さんの四〇年前の回想として紹介

した住居址に関してのことですが、この住居址のすばらしさにいち早くとびついたのが、奈良大学の学長をしていた水野正好さんでした。水野さんはまだ大阪の大学で坪井清足さんの指導で修士論文を書こうとしていたのですが、なかなかテーマが決まらない。そのとき、なぜか坪井さんから「信州に行って、縄文の遺跡でも見てこい」といわれたそうです。

そこで水野さんは尖石で宮坂英式先生に逢い、その前に藤森栄一先生にも逢ったようですが、尖石を見、そしてそのあと井戸尻にも寄ったということです。関西出身の水野さんが縄文の遺跡や遺物と接したのはそれが初体験だとあとでわたしに告白していましたが、信州に来て、井戸尻や尖石で住居址の発掘を直接見たことが契機となって、のちに「水野集落論」として有名になる学説を発表し、ひきつづいて縄文の住居や集落に関係する論文をいくつか書きます。その一つの論文で藤内九号住居をとりあげて、図16の右のような住居の間取りの復原というようなことをやって見せたのです。そのやり方（方法）や結果には、いろいろな批判や意見もありますが、尖石（与助尾根）の集落分析や、この藤内の住居構造の復原といった水野さんの論文をいち早くとりあげて、より広く学界等に紹介し、一定の評価を与えたのは不肖わたしが最初だったと思います。水野さんはいまでも「関東の縄文屋さんで、わたしの研究を最初にいいといってくれたのは戸沢さんだった。そのときはうれしかった」と当時を思い出して言ってくれま

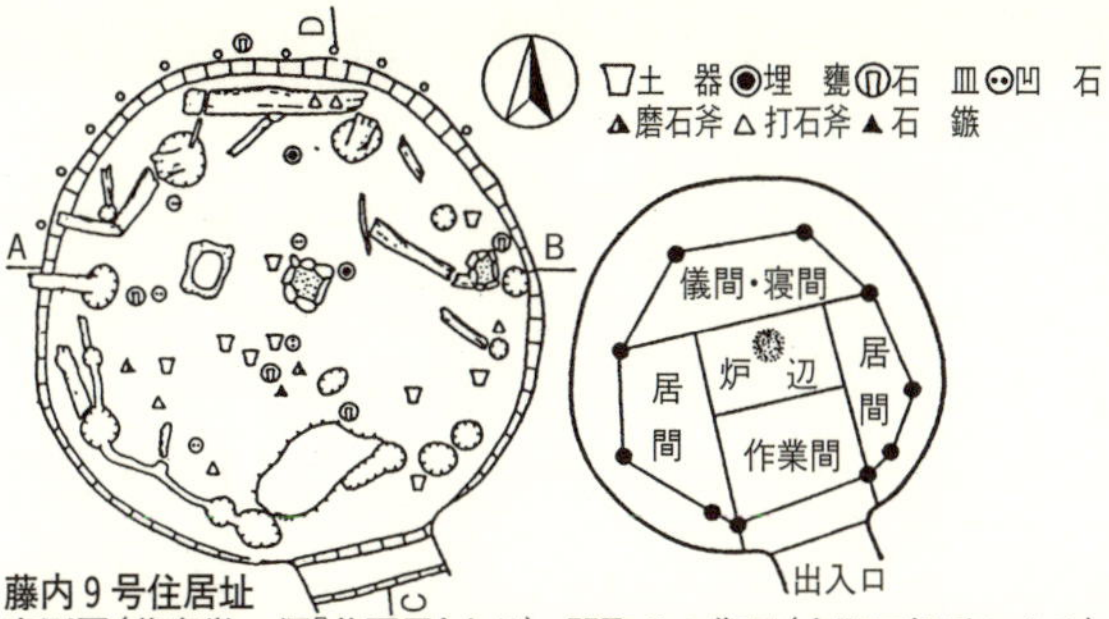

藤内9号住居址
実測図（藤森栄一編『井戸尻』より）　間取りの復原（水野正好氏による）

図16　藤内9号住居の構造
（1970年『郷土史研究講座』1所収）

す。

それはともかく、わたしが水野さんの仕事を紹介した論文は一九七〇年に発表した『郷土史研究講座第1巻』の中で「縄文時代遺跡遺物と歴史構成」という題名で書きました。それは郷土史研究において、考古学の研究成果をどう活用するかという趣旨で原稿依頼されたものです。たしかいまは亡き諏訪出身の大先輩で、同書の編集者の一人であった八幡一郎先生から、「君、書きたまえ」とご下命のあった原稿でした。縄文時代の遺跡・遺物を歴史（郷土史）の材料に使えるような考古資料は、当時尖石や井戸尻など諏訪地方、あるいは信州を中心とした考古学研究、これ以外にないんではないかという強い思いがあって、ペンを走らせたのだと思います。そして藤内九号住居址と水野さんの分析結果を紹介したのです。図16はその一例です。

もう一つこの論文の中で、これはわたし自身のことになりますが、土器の編年研究中心の日本の考古学は変わらなければ駄目だ、そのために地域研究を中心に研究を進めるべきだということを、はじめて公式な意見として唱えはじめたのではないかと思います。そしてわたし自身その後、東京都多摩湖底遺跡の市民参加の発掘をはじめとして、〝市民と学ぶ考古学〟の実践にとりくみました。たまたまそのころ井戸尻で、武藤さんや小林公明さんが中心となって「素人考古学会」を作り、『山麓考古』という研究誌を発行したのと期せずして同じころのことでした。地域研究ということが定着しはじめた先駆ともいえましょう。

地域文化把握の試み

井戸尻文化＝地域文化への関心という図17は、折れ線グラフに直したり、他の要素を加えたりして、その後何人かの研究者が作り直して多く利用されています。その原型になる図は、わたしがまだ大学生のころだと思いますが、八ヶ岳山麓と諏訪湖周辺の遺跡分布と遺跡数の差をグラフ化したものでしたが、同じことを関東地方の千葉県の遺跡で試み、関東の貝塚文化に対して中部の井戸尻文化、さらに宮城県のデータを加えて亀ヶ岡文化と、グラフの中に名を入れて作ったのがこの図です。

どういうことを説明しているかというと、時代別に遺跡数がどんな変化をしているか、たとえば中期のところを見ますと、左下り斜線の井戸尻文化の地域には、約四〇〇の遺跡数がありますが、その六〇パーセントが中期の遺跡であることを示しています。それに対し黒の千葉県の貝塚文化圏では中期の遺跡はそんなに多くなく、次の後期に最大級になります。そして右下がりの斜線は東北地方の亀ヶ岡文化ですが、ピークは晩期にくるといった具合です。

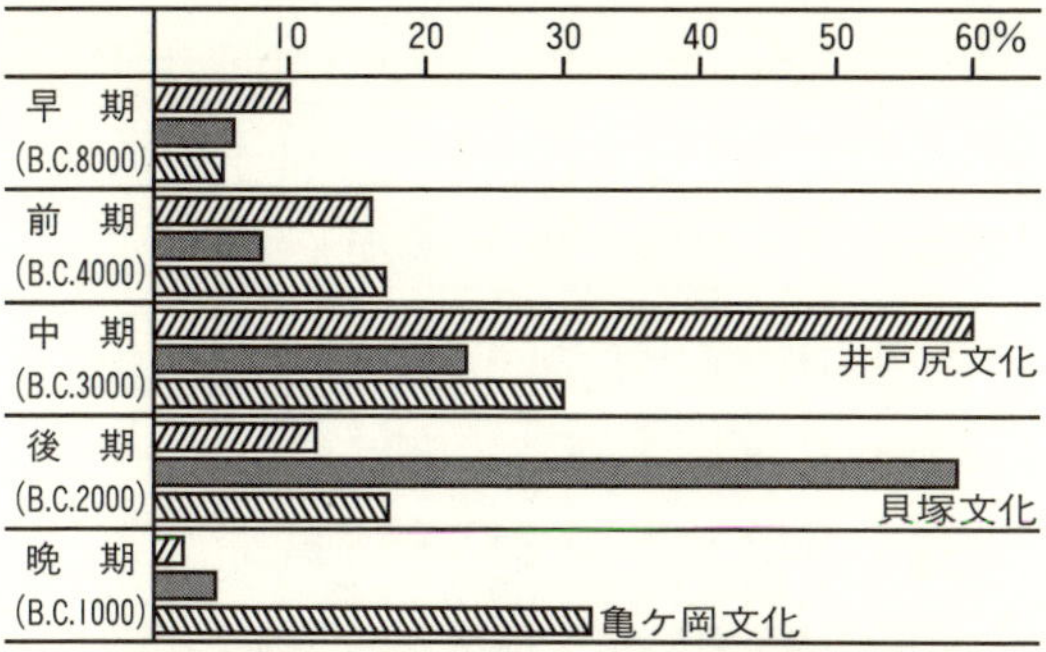

中部・関東・東北地方における遺跡数の変動

図17　井戸尻文化＝地域文化への関心（1970年頃）

この図を見れば一目で、同じ縄文文化といっても地域によって、その変化や発展の段階に大きなちがいがあるということに誰でも気がつきます。

そこで、次にそのちがいがいったい何に由来するのかということが問題になります。それを考えるうえで、日本列島各地の縄文文化の研究の中で最も中味の濃いというか、有効なというか、縄文人の生活の実態、文化や歴史の本質に迫る研究を、過去五〇年近くにわたって営々と積み重ねてきたのは井戸尻を中心とした八ヶ岳山麓、あるいは諏訪の考古学だと思います。

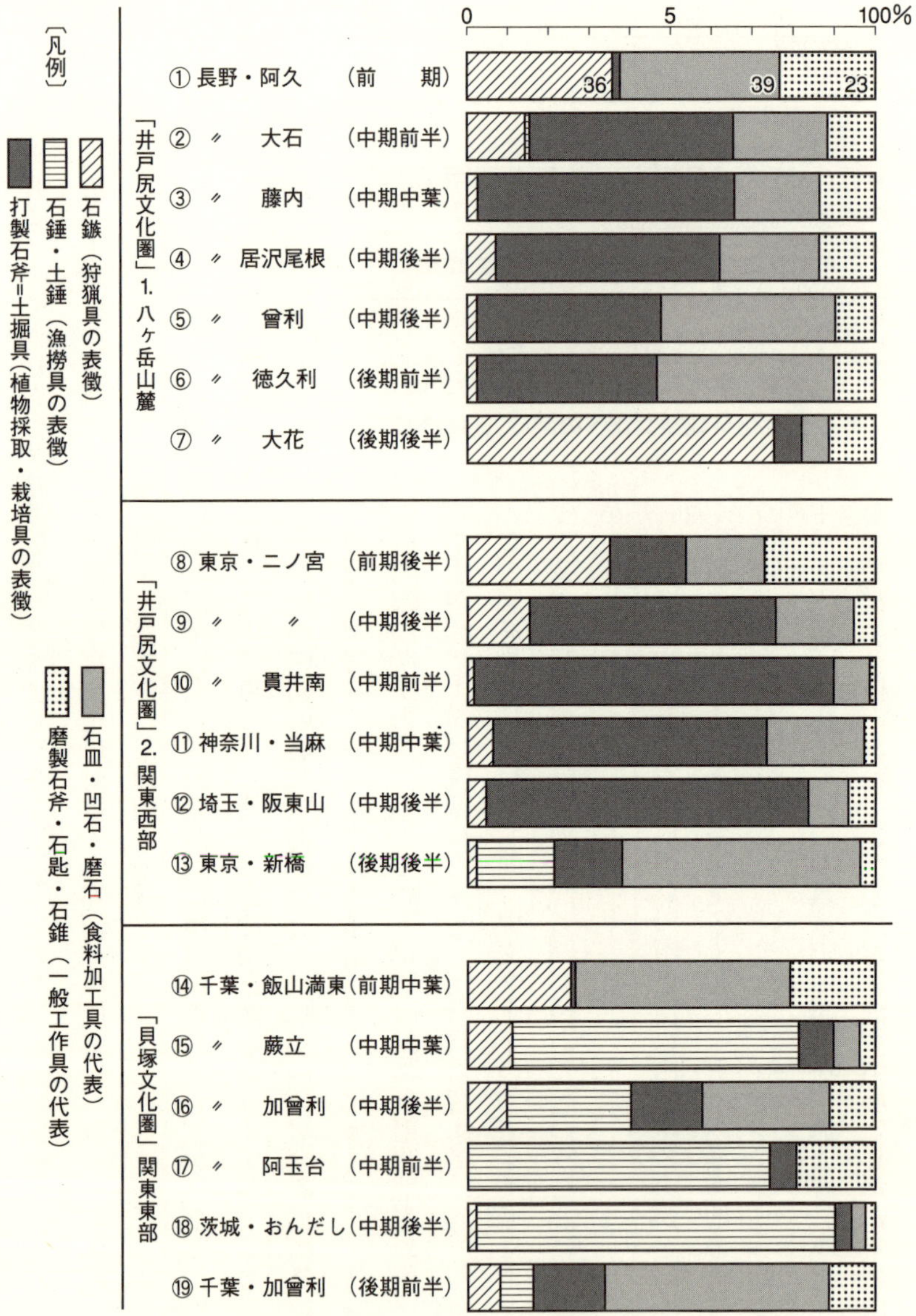

図18 「井戸尻文化」の主要遺跡の石器組成（1986年『岩波講座日本考古学5』所収）

図18を見ましょう。これはいま言ったような八ヶ岳山麓の研究の成果をもとに、やや概念的に示した図ですが、それぞれの遺跡、そして全体として一つの地域で、縄文人の日常生活やその基盤となる生業、生産に欠かせない石器とそのセット、いうなれば「道具箱」の中味にどんなちがいがあるかを、貝塚文化圏と比較してグラフ化したものです。詳しい解説ははぶきますが、仮に井戸尻文化圏1とした八ヶ岳山麓、これは井戸尻文化圏の中核ですが、それに加えて同じ文化圏の2とした関東平野の西部地区、これには当然山梨県なども含まれますが、その二つの井戸尻文化圏と、貝塚文化圏とした関東東部地域の石器組成の差は歴然としています。

これは石器群のちがいだけを問題とした図ですが、井戸尻文化の究明のために行われてきた、集落や信仰や土器や、さらに生態系の研究の成果をあますところなく総合し、他地域のそれと比較して日本列島の多様性のある地域文化を明らかにしていくことが、本当の縄文時代観を明らかにする方向だということが、わたしの「考古地域史論」の道すじです。そのモデルを井戸尻文化の研究を通じて、地元の地域のみなさんが成し遂げてきた、いや成し遂げつつあるのだということを、ここで改めて力をこめて申しあげ、そのことを再確認したいのです。

3　縄文農耕論

だいぶ時間がすぎました。あと急ぎます。

井戸尻考古館の諸活動や、井戸尻文化研究にあたっての研究方針というか、問題意識と研究目的には、

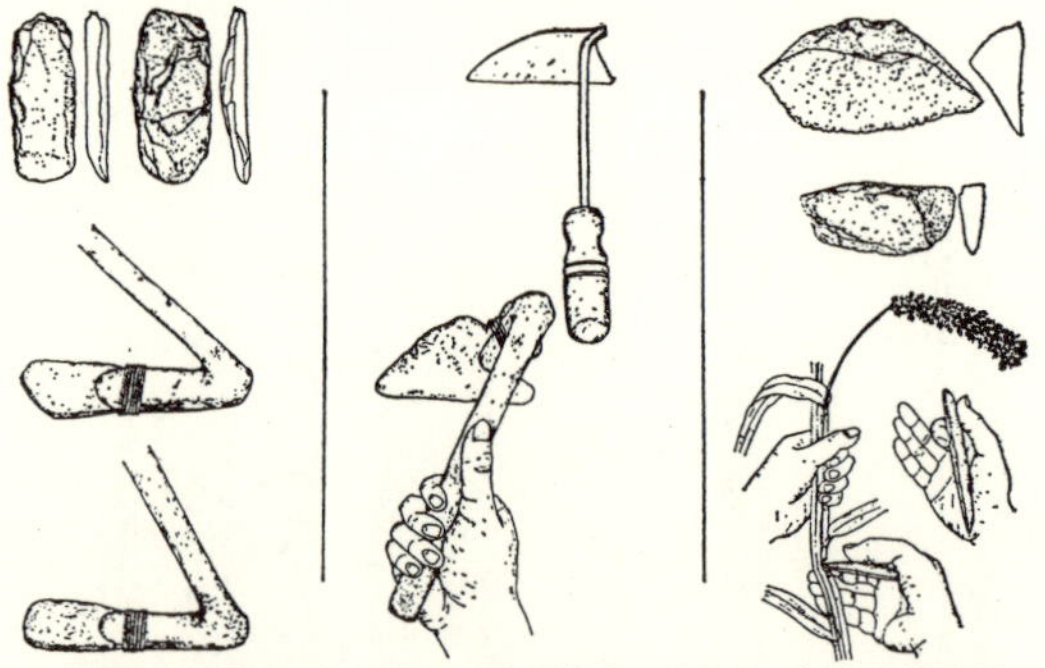

縄文時代中期の農耕具、石鍬（左）、草掻き（中）、穂摘具（右）（武藤雄六・小林公明他『曾利』1978年より）

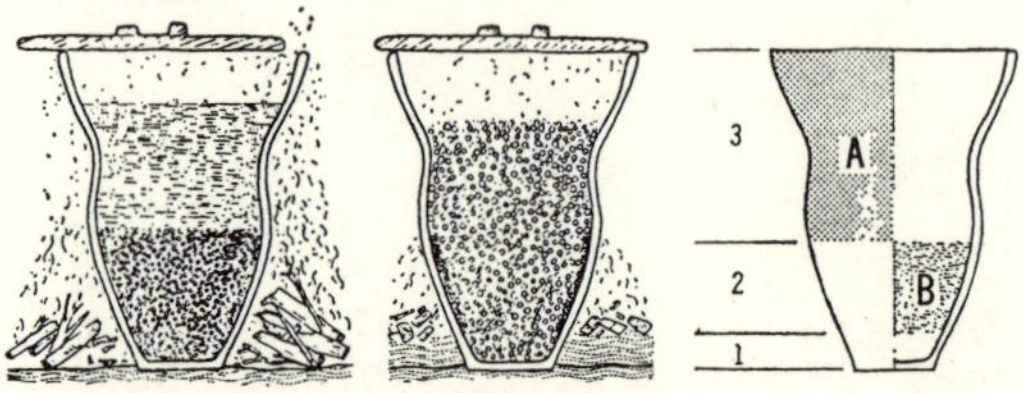

土器表面のスス（A）と特徴ある内面のオコゲ（B）、それから復原した煮沸の様子（左、中）。このことから煮沸の対象は、アワ・ヒエ・ムギ等の雑穀だと考えられている（武藤・小林他『曾利』1978年より）。

図19　縄文農耕論における石器と土器の用途
（1979年『日本考古学を学ぶ』2所収）

終始一貫して縄文農耕論の具現化ということがあります。目的もなくただ土器を細分したり、石器のこむずかしい分析をする、学界一般に多い研究者のやり方にくらべてわたしはたいへんいいことだし、必要なことと大いに推奨いたします。

その縄文農耕論について、言い出しっぺの藤森先生もあとを継いだ武藤さんはじめ井戸尻の皆さんが、学界では大部分の研究者から批判の的になっていたのは、つい最近までそうだったということはみなさんもよくご承知のとおりです。わたし自身は縄文農耕の研究やその調査に直接参加する機会はありませんでしたが、諏訪出身の研究者ということで、藤森先生や武藤さんのいわば代弁者のようなかたちで、学界のいろいろな会合にひっぱり出されて、白い眼で見られるような、またあるときは同情されるような率直にいって本当にいやな思いをしたこともあります。

しかしそれにくじけず縄文農耕論に関する二、三の論文を書いたり、大学の授業や講演でむしろ得意顔をして、盛んに縄文農耕論の意義をしゃべりまくりました。いうなれば応援演舌です。その証拠として、三つの図を例としてあげておきました。

図19を見てください。石器について言えば図の上の方です。現代の農具との比較研究、実際に井戸尻考古館の裏に縄文農園という実験農園を作っていろんな作物を作り、それを耕してみたり、収穫したりするときに石器を使って実験をくり返しやってみて、これが立派に農耕の道具として使えるということを紹介した図です。こんなに簡単な事例では説明しきれませんが、井戸尻の研究の一例です。武藤さんと小林さんがまとめた報告書『曽利』から引用しました。

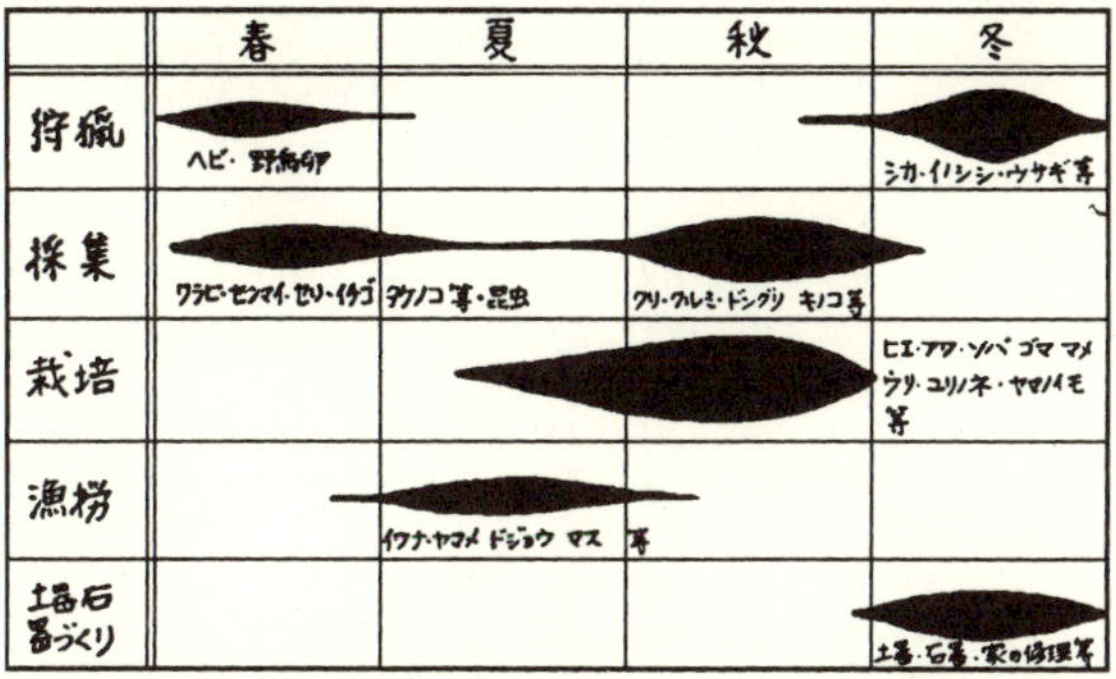

図20　八ヶ岳山麓の四季と縄文人の生活＝最初の!?
“縄文カレンダー”（1975年頃の大学講義資料）

縄文農耕論は思いつきや想像ではなく、石器についても土器についても、こういった地道な研究を続けてその実証が試みられています。石器を現代の農具と結びつけ、実験等をくり返しながら、その用途を研究しているのです。

また土器についても下の図と説明をみてください。オコゲやススのつき方を細かく観察して、その使い方、煮た中味まで実験し研究しているのです。この土器で炊いた食べ物は、土器の内側の底より上の方（図のBの部分）にオコゲがあり、そのコゲ付き方は穀物であらねばならないというような説明がされています。どんな穀物なのかということはいまだ研究中なのですが、ともかく土器にしてもただ単に文様がどうだこうだ、こっちが古いとか新しいとか言っている研究に比べて、井戸尻の研究は縄文農耕論の、いやひろく言えば縄文人の生活そのものの実証のためにくり返されていたんだということを、多くの人に知っていただきたいのです。

わたしはこんな独創的な研究をいままでどこの誰がやったというのかという点を高く評価し、農耕の存否そのものについては、ちょうどそのころ岩波新書で出た中尾佐助さんの『照葉樹林文化論』を参考にして、農業、農耕などという概念にとらわれず、縄文時代のかなり古い時代から植物栽培の可能性は高いと当時論じたと思います。わたしの論調は弱かったかもしれませんが、縄文農耕論のもつ意義を強調し、学問的位置づけの摸索方向を示したうえで、井戸尻の研究に大きな声援を送ったつもりです。

図20は、わたしの手書きのきたない図ですが、一九七五年の大学の講義資料として偶然残っていた図です。これと似たものは開館間もない井戸尻考古館で、どこかにパネルで展示されていた記憶もありますが、よくわかりません。とにかく武藤さんから教わったものにちがいなく、早速、大学の講義で活用したものです。いま縄文研究の第一人者といわれている小林達雄さんは、いつごろのことか「縄文カレンダー」というのをかっこうよく作り、それが一般にもよく普及していますが、もしこの井戸尻の図式がもっときれいにより細かく作られていたなら、日本最初の「縄文カレンダー」になった可能性はあります。

しかしいいたいことは、功を争うのではなく、この図20の意味するところは、井戸尻文化の研究が、つねに地域とその自然環境、そして人間の生活という視野に広く目をそそいでいたということの証しだということです。

4　井戸尻考古館のこれからのために

最後になりましたが、〝縄文図像学〟への理解という図21のことです。これは図も説明も武藤雄六・小林公明さん二人のたいへん力作の報告書『曽利』からそのままコピーしたものです。わたしの大学の講義や一般の講演の席ではよく使わせてもらい、一つの見方としてたいへんおもしろくユニークだということで紹介しました。そのときのわたしの解説は、まず図の下の説明を読み、そのうえで「ここに書かれているようなことを、いますぐ事実として考古学的に証明することはむずかしいだろう。しかし、現代人のわれわれが直接解釈することはむずかしい、前論理の心性を表しているような、縄文土器の不可解な文様や装飾は、事実としていっぱいある。武藤・小林両氏の解説のように、五〇〇〇年以上も前の古い時代に、中国大陸から人が渡ってきて、その子孫が何世代も経て八ヶ岳山麓にすみつき、たまたま土器の装飾に、その当人も直接知らない故郷の風景を、まさに深層心理の心象のように、前論理の心性がもたらす像として表現することはありうることかもしれない。そうだとすればその土器を作った縄文人は、稲のことも知っていた可能性は決してないとはいえない」ということを感想として話したと思います。

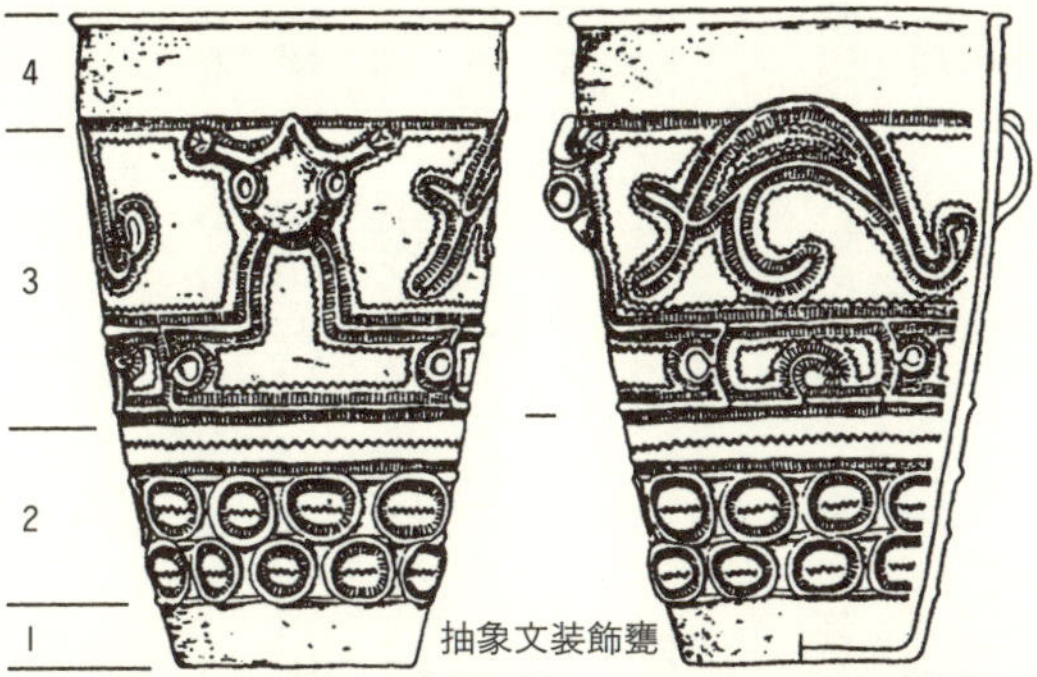

大河から水を引いて水田を耕し、その河には蛙を追う鰐の生息する風景といえば、一寸、我国では想像もつかない情景であろう。その源流をどこに求めれば良いのだろうか。中国南部から印度東部にかけての地方に求める以外方法がなかろう。

図21 “縄文図像学”への理解（1982年の大学講義資料）

この『曽利』の報告書の記述が、いまでは井戸尻考古館の研究の最大の目玉の一つともいえる〝縄文図像学〟の走りといってよいかどうか知りませんし、最近の研究の進展のことは不勉強ですし、正直いってやや難解なので、いまのところわたしの理解に達していません。これ以上ふれませんが、だからといって無視しているわけではありません。一九九五年にわたしが編集した『縄文人の時代』（増補版、新泉社、二〇〇二年）という本に、小林公明さんにむりに頼んで論文（「縄文土器の図像学」）を書いていただいたのは、より多くの人々にこの研究を知っていただき、積極的に学問的な議論に加わってほしいと願ったからです。

もう、ほとんど時間がなくなりました。本当ならこのあたりで、「地域研究がとらえた井戸尻文化」というテーマにある地域研究とは何か、その意義や理念をどう捉えるかということを明確に話さなければいけないのですが、しかしいままでの話の中で、武藤さんはじめみなさんへのわたしの思い入れの気持ちを込めてお話ししたので、多少は理解していただけたのではないかと思います。

なお、より詳しくと関心をおもちの方は、少し宣伝になりますが昨年（二〇〇三年）出版した『考古地域史論』（新泉社）という拙著をお読み願えれば幸いです。

最後に、いま日本の社会、政治、そして考古学の世界でもそうですが、先行き不安なきびしく暗い状況です。こんな中でこそ、町民や地域住民が主体となって新しい考古学を創造し、みんなが喜んで参加し、縄文の歴史を学び、縄文人と遊ぶといった、井戸尻考古館がこれまで実践してきたような活動がますます大切だと思います。これこそが地域研究の真骨頂であり、考古学のこころであると信じます。

井戸尻考古館のいっそうの発展を祈って、わたしの話を終わります。

（『井戸尻考古館建館三十周年記念・講演録集』所載）

9

陸平が未来に残すもの——動く博物館構想の原点

04・5・23
美浦村文化財センター＝陸平研究所・講演

1　新しい学史の創出をめざして

陸平《おかだいら》貝塚は一八七九年（明治十二）、二人の若い学究の徒によって、日本人による最初の発掘が行われ、そのことによって「日本考古学の原点」と称される、日本考古学の学史のうえで記念碑的な存在となりました。いまから一三〇年近くも昔のことです。

それから約一〇〇年を経た一九八六年（昭和六十一）、「開発と保存は並列同義」という理念を掲げた「安中《あんじゅう》地区総合開発」がスタートし、その中で陸平貝塚の完全保存と活用の構想が、美浦《みほ》村民、行政、研究者、そして開発担当の企業を含めた多くの人びとによって、真剣に議論されはじめました。

その議論を踏まえ、翌八七年には「陸平調査会」が結成され、早速、陸平貝塚の現状を正確に知るための基礎調査が行われることになりました。調査会では調査の状況を、村民や広く村外の一般・研究者などにも知ってもらおうと、『陸平通信』という週刊のミニ新聞を発行することになりました。

その第一号は現地調査が始まる直前の八月六日に発行されましたが、調査会長市川紀行（当時村長）さんは、巻頭で「陸平貝塚そのものと開発は並列同義」という、先にもあげた安中総合開発の基本理念を明言し、さらに陸平貝塚の保存と活用は「精神的にはむしろ優位にあると断言できる」と述べ、「村民と地域が誇りうるものを、誇りうる形態でできるだけ残し、遥かな過去に人生の深い想いをはせ、未来にもわたって、人びとの生活の夢とロマンを歌いつづけるよすがを作る陸平調査第一歩」という言葉で、いま始まろうとする陸平貝塚の調査への期待と意義を語りました。

それを受けて、調査団を任されたわたしは、研究者としての調査に向けた心構えを、同じ『陸平通信』の第一号に、「陸平貝塚の考古学史の創造」と題して、次のような短い一文を草しました。その全文を引用したいと思います。

ちょうど一世紀前、陸平貝塚は日本考古学の黎明を飾る輝かしい学史の第一頁を記録した。その二世紀目を迎えた同じ貝塚で、新しい日本考古学史を切り開こうとしている。

全国の多くの遺跡がいまそうであるように、陸平貝塚も過去に何回か破壊の危機に直面した。しかし陸平貝塚は、考古学研究者の熱い保存の願いと、地元美浦村村民の固い決意、そして村当局の勇気ある決断が加わって、貝塚全域がほぼ保存の状態を保ったまま残された、数少ない幸運な遺跡である。陸平貝塚を構成する八つの貝塚も、そして周辺の地形や景観も、他に例を見ない良好な状態で保全されている。少なくとも首都圏では原状をとどめる最後の大型貝塚遺跡といってよい。

この恵まれた条件をもった陸平貝塚で私たちは今何を学び、さらに新しい何を創出しなければならないか。

一つは、陸平貝塚を守り通そうと努力したすべての人びとの心を、調査を通じて具体的な形で一つの体系あるものとして作りあげることである。これは陸平貝塚のより完全な保全と活用に向けた有力な基礎をなすであろう。

もう一つは、そのためにも新しい「貝塚学」を展望する、科学的で創意に満ちた研究の方法を学び、それを積極的に実践することである。必ずや縄文人の生き方に触れる、縄文時代の正しい歴史像をこの陸平でとらえられるにちがいない。

それにもう一つ加えるならば、陸平貝塚での発掘や調査、そして保存・活用についての研究活動や、みんなの活発な議論などを通じて、地域で生活する村民の将来に向けての幸せを、研究者も加わってみんなで一緒に考えることができたなら、今年の夏の陸平で学問を何のためにするのかということに新しい自覚を持ち、そのことによって新しい学史の一頁に、誇りをもって考古学の未来の展望を記録することができよう。

暑い夏の調査を、熱い情熱と豊かな夢で爽やかに過ごせる陸平貝塚であることを、祈りたい。

(『陸平通信』1より再録)

2　すばらしきかな陸平

こうして始められた陸平貝塚の現状確認調査は、わずかな心ない乱掘跡を除いて、いくつかの貝塚群がほとんど昔のままの状態で残っており、それら貝塚群に囲まれた台地中央部には、たくさんの竪穴住居跡や墓跡などからなる縄文時代のムラ跡が、ほぼ完全な形で残っているにちがいないことなどが明らかになったのです。

陸平の調査を進める中で、貝塚やムラ跡など遺跡のいわば主体部とともに、それをとりまく自然環境や景観のすばらしさに、みんなは改めて気がつきました。緑の森や林に囲まれた台地はもとより、遺跡を取り巻くいく筋もの谷には、何カ所もの昔さながらの「ブクブク水」といわれた泉が再発見され、その周辺には台地の上とはちがう植生が豊富に見られました。

それればかりか、普通の考古学調査では敬遠されがちな、谷の底の低湿地にまで深いトレンチが入れられ、霞ヶ浦からさらに太平洋にまで続く、古環境復原のための貴重な資料が採集されました。そればかりでなく陸平に近接した陣屋敷《じんやしき》低湿地遺跡では、谷底に厖大な量の土器片が集積する、未知の新発見の遺跡の存在が明らかになるといった成果もありました。

要するに、陸平は貝塚もムラ跡も、そして縄文人の生活の基盤となった周辺の自然環境などすべてを含めて、たぐい稀といってよいほど限りなく「縄文の世界」に近い、太古の姿を復原できる貴重な遺跡であることが再確認されたのです。

そういえば、一昨年（二〇〇一年）亡くなった著名な考古学者、佐原真（当時、国立歴史民俗博物館副館長）さんが調査を始めて二年目に、陸平を訪れて、こんな言葉を残していかれました。

（前略）私は、昨年初めて陸平貝塚を訪ねました。発掘終了の時間に到着し、陸平にいたのはほんの一〇〜一五分間。それなのに感動は忘れ難いほど大きなものでした。「文明」の発達によって自然は次つぎと人工に変貌し、兎追いし山、小ブナ釣りし川が消滅してゆくのに慣れっこになっているせいでしょうか。自然のたたずまいを、おそらく佐々木（忠二郎）が発掘した百余年前とそう変わらないまま残している陸平に、私は奇跡を見る思いで立ちました。（中略）陸平貝塚の保存に尽力してくださっている皆さん方、諸機関、村の皆さんに心から感謝の気持でいっぱいです。みんな本当に有難う。

（『陸平通信』6より抄録）

3　陸平だからできる遺跡保存と活用を

陸平貝塚の確認調査、それに続く周辺遺跡の発掘調査に真摯に取り組む調査会メンバー（この構成員は研究者、行政、開発担当者、村民代表等からなる）は、将来の陸平貝塚の保存と活用の方向性を探るため、国内の著名な国指定の遺跡数カ所を視察したことがあります。

多くの遺跡では、指定範囲ぎりぎりまで迫る住宅・工場や自動車道路、そしてビル群の中に埋没した

図22　いまでも豊かな照葉樹林の自然が残る安中台地に陸平貝塚がある。上端は霞ヶ浦（陸平研究所提供）

「空地」にしか見えないような場所に、標柱だけがそらぞらしく立っている史跡の実態を知りました。これを見て「陸平だからできる、陸平でなければできない保存を」という、陸平貝塚の保存と活用を計るみんなの決意は、暗黙のうちに調査会の共通認識になりました。

こうした経過を経て、また一五回を超える頻繁な調査会会議の議論ののち、一九九〇年には、陸平貝塚の主体部と周辺の谷部などを含む、約一四ヘクタールという広大な区域が保存エリアとして、開発予定区域から除外されたのです。これは全国の遺跡保存の面積、とくに縄文時代の遺跡としては最大級の広さですし、とくに遺跡主体部だけでなく、周辺の谷部など地形・景観をふくめて、保存の対象にしたことは画期的なことといってよいと思います。ちなみに開発企業はのちにこの広大な土地を村に寄付し、一九九八年にはそのうち遺跡の主要部とその周辺約六・五ヘクタールが、「史跡陸平貝塚」として国指定されたのです。

ところで陸平の保存エリアの確定を受けて、調査会では直ちにその保存と活用の具体的検討に入ることになりました。その会議の冒頭に提案され、調査会でも承認されて、陸平貝塚保存・活用の基本方針となったのが「動く貝塚博物館構想」だったのです。

この構想案として、当時わたしはかなり長文のレポートをまとめましたが、その全文は坪井清足さん（当時、陸平調査会顧問）の古稀祝賀論文集である『論苑 考古学』（一九九三年）に掲載し、口頭や短文でその概要を報告し、その後いろいろな関係者が引用し紹介されています。いま改めて「動く貝塚博物館構想」が生まれてくる背景と、その真のねらいは何だったのかということを、最初のレポートに立ち返って確認したいと思います。

4　みんなの夢が生んだ「動く博物館構想」

一九九〇年にまとめた最初のレポートを論文として『論苑 考古学』に発表したときの題名は「陸平貝塚の保存と活用」であり、副題に「動く貝塚博物館構想の基礎」としてあります。そうした表題をつけた意味を、わたしは論文のはじめに次のように書きました。

「動く貝塚博物館構想」は、陸平貝塚の保存後の活用、あるいは史跡整備の一環として、ただ単に机上のプランづくりの中から生まれたものではない。それは調査会長であり村長でもある市川紀行氏の言葉を引用するなら、「陸平貝塚そのものと開発は並列同義であり、精神的にはむしろ前者が優位にあると断言できる」という基本方針に基づいて、すべての関係者が前向きに取りくんだ、陸平貝塚およびその周辺区域の調査と、それを踏まえた保存と開発の接点をめぐる真摯な話し合いを通じて、ごく自然にみんなの頭のなかにイメージ化されてきたものであった。（中略）

いまや美浦村は新しい村づくりのために全村民が一致して努力し、ほぼ完全保全が可能となった陸平貝塚を中核に、開発区域を単なる観光開発やレジャー施設で埋めつくすのではなく、「美わしき郷土・美浦」のよりどころとして、創造的な文化ゾーンを目ざした地域活性化を進めようとしている。その中で「動く貝塚博物館構想」は、地域住民、行政、研究者、企業を含む多くの人々の一つの夢と希望の大きな目標になってきたのである。

（『論苑　考古学』より抄録）

以上のように、そのときこの論文で最も強く言いたかったことは、この「動く貝塚博物館構想」が、陸平貝塚の保存をめぐる厳しい現実に直面し、その中でぎりぎり夢と希望を追い求めようとした、みんなの努力を通してこそ生まれた構想であり、それゆえ今後もきっとその構想の中にある精神が、消えることなくみんなの心の中に生きつづけ、引きつがれることを確信したいという点でした。

こうして調査会の基本方針となった「動く貝塚博物館構想」は、五つの要目としてまとめられて広く公表されました。その要約の部分だけを改めて再録しておきます。

㈠　陸平貝塚を永遠に保護し、同時にそれを十二分に活用することを目的とした、必要な機能を果たしうる博物館であること。

(二)　陸平貝塚等の発掘を含む、調査と研究がつねに継続され、いつでも新しい研究の成果が提供される博物館であること。
(三)　縄文研究とくに新しい「貝塚学」を進める、拠点であることを目指す博物館であること。
(四)　陸平貝塚と周囲に残された豊かな自然を保護・育成し、その中で誰もが縄文人になり切り、縄文文化を理解し、縄文人と遊ぶことのできる博物館であること。
(五)　陸平貝塚とそこでの活動が、地域住民の永遠の誇りと連帯のきずなになるような、文化的ゾーンのシンボルとしての博物館であること。

以上の五つの要目には、それぞれかなり具体的な検討内容、問題点や意義などが要約的に記述されていますが、全体として長文にわたるのでここでは紹介することができません。しかしいずれにしても、この構想はたとえば〝縄文の森〟一つを復原するにも、一〇年、二〇年はおろか数十年、場合によれば一〇〇年以上の時間を考えなければならないように、長い先を見通した地道な史跡整備と、そのための永続的な活動が必要だと誰もが認識し、だからこそ〝動く貝塚博物館〟実現への夢がふくらんだのだと考えます。

5　〝動く貝塚博物館〟はもう動いていた

調査会はさまざまな試行錯誤の議論を惜しみなくくり返し、〝動く貝塚博物館〟の活動拠点になる最小限度の建物としての博物館の設計と、当面の史跡公園化のための施設などの整備計画が、最終的にまとまろうとしていました。しかしその時点で、〝平成の大不況〟ともいってよい経済破綻がおこりました。安

図23　みんなでヨイショして作る竪穴住居（陸平研究所提供）

中総合開発を担当し、その中で陸平貝塚の保存と活用、「動く貝塚博物館構想」にも、最大限の理解と積極的な協力を惜しまなかった企業も、開発事業そのものから手を引かなければいけない状況に追い込まれたのです。

その頃わたし自身も勤務する大学で多忙な役職につくことになり、以前のようにしょっちゅう陸平に顔を出す機会も失われてしまいました。陸平貝塚はこれからどうなるのだろう、「動く貝塚博物館構想」は、ついに動かないまま終わってしまうのだろうかと、激務の間に心を痛めることがしばしばでした。じつはこの構想をある学会の会合ではじめて口にしたとき、それを聞いていたある研究者が、「構想としての夢はすばらしいが、実現は不可能なロマンに過ぎないのではないか」と冷たく批評したという話が人伝に聞こえてきたりしたこともあって、「夢は実現する可能性を信じればこそ理想として生かされるのだ」と一人力んでみても、やはり現実は厳しいのだと諦めかけていました。

そんな頃だったと記憶していますが、「陸平をヨイショする会」というところから、手書きでやや不鮮明な印刷の『たより』が定期的に送られてくるようになりました。そこには地元美浦村の村民有志が集まって、陸平貝塚の草刈り、陸平で星を見る集い、縄文食を作る学習、縄文土器を焼く会等々、陸平でのみんなの努力と夢を広げていく、ボランティア活動のさまざまな企画と報告が記録されていました。それはまさに村民が自分たちの力で、陸平貝塚の保存と活用を〝ヨイショする〟ための自主的な活動の始まりでした。印刷の悪い『たより』も、本当の手作りの活動の表徴なのだと、わたしはかえって親しみを抱いたほどです。

その会の正式な発足と、それを行政的に支援するために始められた、美浦村の「ハンズ・オン陸平」事業が立ち上げられた一九九五年、陸平調査会と美浦村および同教育委員会が主催する「陸平からのメッセージ・調査研究発表会」の開催通知が届き、わたしにはその基調講演の要請がまいりました。

その日、久しぶりに〝陸平の友人〟たち、そして多くの村民の前に立ったわたしは、何一つ迷うことなく、また何のためらいもなく「動く博物館はもう動いている」という講演をいたしました。その趣旨はきわめて現実的な状況の変化の中で、行政も研究者も半ば諦めかけていた陸平への夢を、「陸平をヨイショする会」の地域住民の力で、文字どおりヨイショしてくれたことに、感動以上の大きな勇気を与えられたからです。

そういえばこの講演の数年前、前にも内容の一部に触れた「動く貝塚博物館構想」をまとめたわたしの論文では、構想の要目の第五、すなわち「地域住民の永遠の誇りと連帯のきずなとなる文化ゾーン」とならなければならないという要約として、こんな願いを書いています。

陸平貝塚を今日ある姿で守り続けてきたのは、いろいろな意味を含めて、それは地元美浦村の住民の力である。研究者や行政がどんなに声を大にしてその重要性を訴えても、保存できずに消えた遺跡は全国に数知れずある。だから安中総合開発計画の中で、名実共に陸平貝塚は住民のための地域開発における、住民の誇りのシンボルとして位置づけられなければならない。（中略）

その地域にある歴史遺産や文化財を愛護するという精神は、目先の新しいものだけにとびつき、やがては地域の荒廃をもたらすような安易な開発を許すことではなく、そこに生きる住民のための地域を守り、真の住民自治を育てる大きな力になろう。そのことが地域の伝統を生かしながら、地域住民の将来の幸せを約束する新しい村づくり、真の地域開発の基礎であり、地域活性化に結びつくものであると信じて疑わない。

陸平にやがて誕生する〝動く貝塚博物館〟は、美浦村の人びとの将来につなぐ願いを保証する、何よりの記念碑とならなければならない。

（『論苑　考古学』より）

6　未来の学問のあり方を問う陸平

本日（二〇〇四年五月二十八日）、「美浦村文化財センター＝陸平研究所」が新築オープンしました。そして陸平の〝動く博物館〟を、少なくともこの一〇年間、実質的に動かし支えてきた「陸平をヨイショする会」が、間もなく発足一〇周年を迎えようとしています。

見たところ、文化財センターは施設や設備の点で、他の例とくらべて、博物館としてけっして最高水準のものとはいえない、むしろ泥くささがあり、質素で平凡なものといえるかもしれません。しかしそれは地域の人びとにこれからの活動と学習の場として活用しやすい謙虚さをもち、陸平の自然やそれに依拠してきた地元の人びとが、長い時代にわたって親しんできた周辺の里山の景観を大切にするなど、村民とともに活動しようとする狙いがうかがえます。

もちろん、「動く貝塚博物館構想」に盛られた、いくつかの考古学研究上の要目も、これから長期を展望して達成されるべきことで、十分にその拠点になるであろうことも期待されます。しかしそれらのことはすべていまがスタートの基点です。

創立一〇周年を迎える「陸平をヨイショする会」の存在は、これからの「動く博物館」の発展にとって不可欠です。昨年（二〇〇三年）の秋、久しぶりに陸平の丘に立ったわたしは、その一角に建てられた、完成間近かな復原竪穴住居を見ました。建築に当たったお一人の堀越實さん（初代のヨイショする会会長）が案内してくれて、選地から設計、資材集めや建築に当たってのみんなの苦労話や、熱心な学習・研究などの説明を受けました。その話を聞きながら、また周囲の木々や自然にマッチした復原住居のたたずまいを、前から後ろからと眺めながら、生きた縄文人たちが実際にそこで動いているような、楽しい、というよりはすばらしく感動的なイメージの世界に浸ることができたのです。

そして「陸平をヨイショする会」の人びとこそ、現代の縄文人であり、何千年も前に、日本人と日本文化のルーツを築いた縄文人の心と歴史のもつ意義を、一番よく体現したすばらしい現代人だと感じたのです。

この文章のはじめのほうで、もう二〇年近く前、陸平貝塚の調査と保存の本格的活動に着手したとき、わたしが「陸平貝塚の考古学史の創造」という小文を書いて、陸平で新しい日本考古学の歴史を塗り替えることができると予感したと述べました。

確かに、陸平およびその周辺遺跡群の調査、陸平貝塚の全面保存の達成、「動く貝塚博物館」の構想、「陸平をヨイショする会」の結成と地道な活動、陸平貝塚の史跡指定、「文化財センター=陸平研究所」の完成、と続く陸平をめぐる二〇年の歴史は、紆余曲折があり、時に波乱もあり試行錯誤の二〇年といえるかもしれません。しかし最後は行政の熱心なサポート(「ハンズ・オン陸平」事業等)があったとはいえ、新しい陸平貝塚の学史を創造したのは、美浦村の村民の主体的な力であったことは疑いないことです。

最後に私感をひとこと……。中学一年生の少年の頃から始めて六〇年もの長い間、わたしは考古学の専門家としての道を歩んできました。幼い頃からわたしの考古学を学ぶ気持ちの中には、なぜか、地域に根ざした考古学を研究するということが、自分の務めだという思いが抜けませんでした。

やがて大学の教員になり、専門以外の社会の問題にコミットするようになって、とくに自分の研究分野に近い文化財や自然保護運動などに係わる中で、考古学は長い人類史を通じて未来を見通し、人びとの平和と幸せな時代の創造に貢献しなければいけないと、強く自覚するようになりました。学者の自己満足のための研究など、歴史を学び、それを豊かな心をもった生き方に結び付けたいと願う、地域の多くの人びとを学問そのものから遠ざけてしまう恐れさえある、と言い続けてきました。

そんな考古学界の風潮が、まだ記憶に新しいかの「旧石器発掘捏造事件」の遠因にありました。その真相究明を〝学界での最後のお役目〟と考えて、わたしも学界の検証調査に積極的に協力し、そして一応の役割を果たして、学界も大学も現役を引退しました。

そのうえでいま改めて思うことは、二十一世紀のこれからの考古学(学問一般といってもよい)の真の担い手は国民一般であり、とくに地域に根を下ろして存在する考古資料＝歴史的文化財は、地域住民の手で掘り出され、地域の人びとの歴史認識（お国自慢が入ってもさしつかえない）の向上に役立つように、研究され活用されるべきだと考えます。それが新しい考古学史を創造する要諦だと信ずるのです。

六〇年にわたる考古学人生の中で、二〇年以上の間、陸平にかかわってきたわたしは、少しでも、新しい日本考古学史の創造に向けての努力を、みなさんと一緒に、仲間として仕事をしてきたことを〝研究者冥利に尽きる〟と思っています。陸平のみなさん、ほんとうにありがとうございました。

「陸平貝塚と陸平をヨイショする会は、確かに新しい学問への一里塚に近づいた。新しい考古学史を創出しつつある。」というエールを贈り、これからもわたしが元気なうちは、みなさんといっしょに、陸平をヨイショさせてくださいと願うところです。

（『ようこそ陸平へ』所載）

10

歴史の道は未来につづく

06・8・27
長和町黒耀石ふるさとまつり・講演

1　共有する歴史と文化のもとで

本日、地元長和《ながわ》町民のみなさんをはじめ、県内外のたくさんのみなさんのご参加のもとに開催された、第二回「黒耀石ふるさとまつり」は、新生、長和町（長野県）の合併記念事業の一環として企画されたものと承知しております。

昨年（二〇〇五年）五月、旧長門町と旧和田村が合併して長和町が誕生いたしました。その二つの町村が合併するに当たっての基本的合意事項の一つに、「共有する歴史と文化」を大切にしていくということがあると、町長さんはじめ町の関係者からお聞きしました。それはじつに立派なアイデンティティの確認であり、魅力のあるキーワードだと感心しました。

もともと一つの町や村、一般的な言い方をすれば、人びとがそこに集まって共同の日常生活を営んできた一定範囲の地域には、それぞれの土地の自然環境などにかかわる特有の地域色があり、また人びとの生活の中に培われてきた歴史や伝統、地域性豊かな文化があるはずです。それらを大切にする心は、そこに住む人びとの連帯感を強め、よりよき村や町の発展を望む住民の共通の意思を高める重要な基盤になるものと考えます。

わたしは考古学の研究を通じて、地域における歴史遺産や文化遺産こそ、その地域の人びとの未来に向けての夢を生み出す、大切な役割を負った宝物であるということを、以前から周囲の人たちに話しつづけてきました。

合併によって誕生した長和町には、「共有する歴史と文化」を表徴する二つの大切な歴史遺産があります。その一つは町の南側の諏訪郡境の山中を中心にして広がる、本邦最大といわれる黒耀石の原産地と、旧石器時代と縄文時代の原産地遺跡群であります。約三万年間にわたる石器時代人による黒耀石原石の採集・採掘、その原石の石器などへの加工、そして列島各地へのそれらの移出・流通の研究は、いま日本の考古学界ばかりでなく世界中の考古学者から注目され、黒耀石は最も熱い視線を注がれている考古資料であり歴史遺産であります。

もう一つは和田峠から笠取峠まで、町内をほぼ南北に貫いて通る、近世の日本の幹線道路の一つとして知られる中山道《なかせんどう》です。そして中山道には町内に和田宿と長久保宿という二つの宿場が、いまなお昔の面影を色濃く残して存在しています。街道に関係した歴史遺産としては、まだ調査が十分にゆき届いていませんが、町の中央部で中山道と分かれて大門峠に向かう大門街道も、武田信玄の北国遠征のための主要道路として有名です。NHK大河ドラマ「風林火山」(二〇〇七年)の大事な舞台でもあります。

今日のわたしの話の主旨は、長和町がもつこの二つの世に誇るべき歴史遺産について、専門的・学術的に解説するというよりも、合併前の旧長門町と旧和田村のみなさんが、そうした歴史遺産を護り活用するために、どんな取り組みと努力を重ねてきたかということをふり返り、今後それをどのように引き継いでいくかを、みんなで考える素材を提供できればよいと思っています。

2　新発見の黒耀石鉱山

ツチヤ沢の黒耀石原産地遺跡

話の冒頭に、今日の合併記念の「黒耀石のふるさとまつり」にふさわしい、重要な新発見が最近町内であったことについて披露いたします。

旧和田村の地籍にふくまれる男女倉《おめぐら》という集落があります。新和田トンネルに向かう国道の新道が通る狭い谷の中の小さな集落です。そこを流れる男女倉川の支流の一つであるツチヤ沢川をずっと上流にたどっていくと、霧ヶ峰高原の一角にある八島《やしま》ヶ原湿原に達します。そこに至る少し手前の標高一四〇〇メートルあたりのツチヤ沢の斜面で、石器時代の黒耀石鉱山跡ではないかと推定される、たくさんの採掘跡と見られる凹地が見つかりました。

この付近は急な谷の斜面が続き、いまでも全山深い山林（国有林）で、下草の熊笹やシダが密生しているという状態です。そのため一九九〇年に旧和田村や長野県教育委員会が実施した大規模な「黒耀石原産地遺跡分布調査」のときでも、足を踏み入れることのできなかった場所でした。

一年ほど前のことでしょうか、黒耀石の産地同定の研究を熱心に進めていた、静岡県在住の研究者池谷信之さん夫妻がはじめてその場所に入りこみました。そしてそこに良質の黒耀石がいっぱい落ちていること、そしてその付近の谷の斜面には、自然のままとは考えられない人工的な地形改変の形跡が見られるといった情報を、黒耀石ミュージアムにもたらせてくれたのです。

しかしそのときは合併協議が最終段階を迎えていたときなので、旧長門町のミュージアム職員が旧和田村で本格的な確認調査をすることは憚られました。晴れて合併がなった今年の夏、といっても今日から二週間ほど前のことでしたが、ミュージアム友の会や町民有志を主体として、明治大学黒耀石研究センターおよび県内の研究者の協力と指導を得て、長和町教育委員会がはじめての正式確認調査を行ったのです。

確認調査の概要

第一回目のツチヤ沢原産地遺跡の調査はまだ十分なものとはいえません。まだ二週間前のことですから調査結果の整理や検討も足らないところがあります。今日この場でのわたしの概要報告は、調査隊のみなさんの急いで作ってくれた「調査概要図」（図24）によりながら、簡単な注釈を加えるというかたちで行いたいと思います。

まずこの地図の位置関係ですが、図の南の方へ数百メートル谷を上ると、先ほども言ったように霧ヶ峰の八島ヶ原湿原、逆に北側へ谷を下ると数百メートルで男女倉集落の中心に達します。そこには日本で最初にその存在が有名になった黒耀石原産地遺跡である、旧石器時代中心の男女倉遺跡群があります。

次に図の下の方に「流紋岩《りゅうもんがん》の岩場」「流紋岩のガレ場」と記されているところがあります。流紋岩というのは黒耀石と双子の兄弟関係にある火山岩で、地下のマグマが火口から噴出したとき、同じ溶岩流の中で急激に冷えてガラスのように固まったのが黒耀石、ゆるゆると固まった部分が流紋岩です。だからこの流紋岩の巨岩が地上に露出し、それが崩壊してできたガレ場があるということは、その近くの地下には黒耀石の鉱脈がひそんでいる可能性が高いのです。

図の中央部の薄いアミ掛けの部分は、地表で黒耀石の原石・石片（石器を含む）が、かなりたくさん拾える範囲です。ちなみにその広さはあとでお話をする鷹山《たかやま》（星糞峠《ほしくそ》）の黒耀石鉱山跡（国史跡）に匹敵する大きさです。

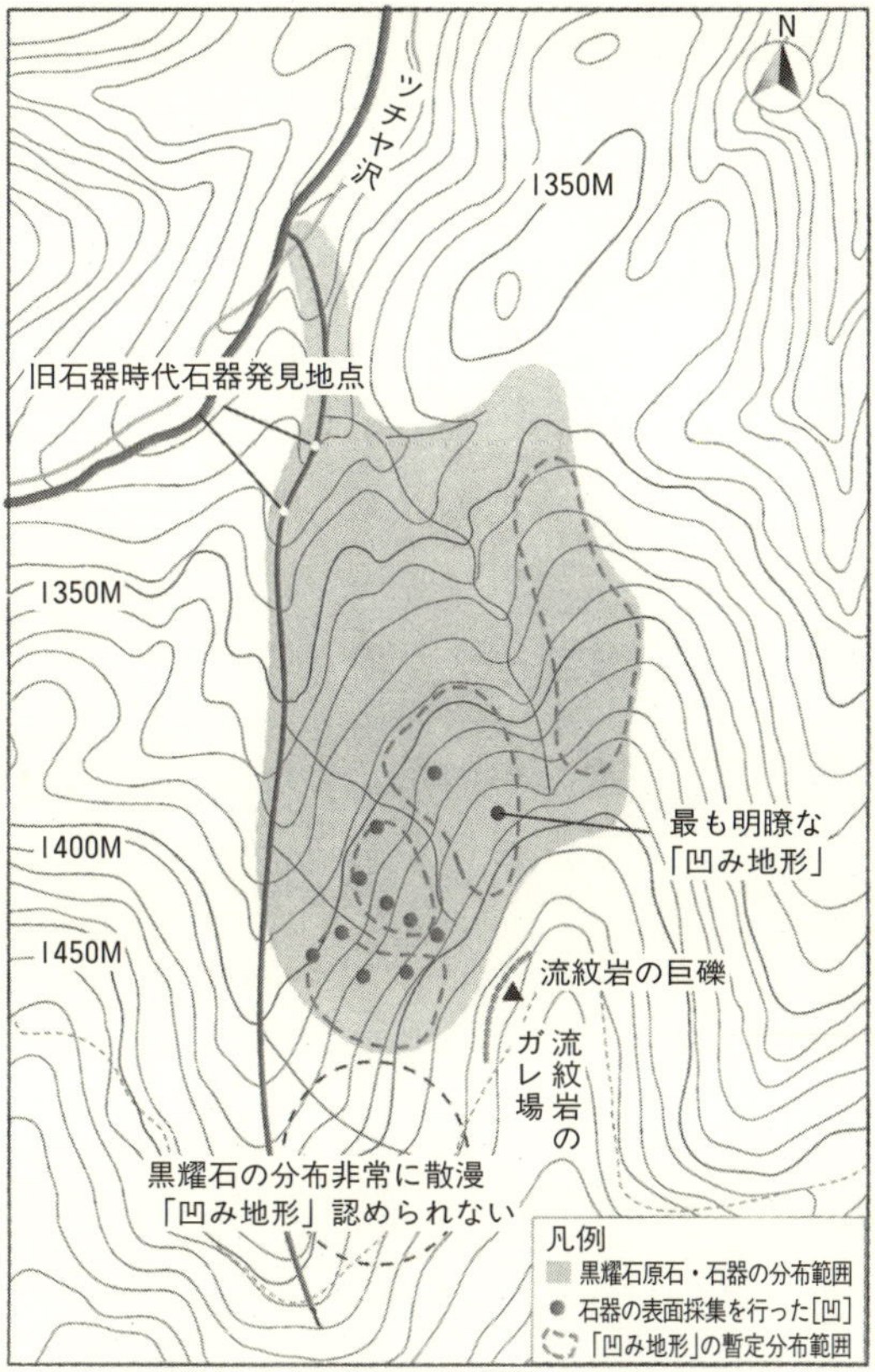

図24　新発見のツチヤ沢黒耀石鉱山跡調査概要図
（長和町教育委員会提供）

その分布図の内側の南半分のところに、黒耀石が一カ所にまとまって集中して発見される場所が一〇カ所ほど、黒丸印で示されています。その中の一カ所には「最も明瞭な凹み地形」と注記されていますが、ほかの「集中表面採集地点」も下草などを刈って調べれば、凹み地形すなわち採掘坑の跡であることがはっきりわかるのではないかと考えられます。

凹み地形に関連して、この地図には示されていませんが、この谷の斜面のいたるところに、自然の地形とは考えられない段状の地形が見られます。詳細な測量をすればその全貌が見えてくるでしょう。

最後にもう一つこの調査概要図で注目したいのは、黒耀石分布範囲の北西の端の谷底に沿った場所（男女倉遺跡群へ通ずる道）の二カ所で、一つは槍先形尖頭器《やりさきがたせんとうき》、もう一つは削器《さくき》という明らかに旧石器といえる石器が採集されているという点です。その意味するところはあとで話します。

3　黒耀石鉱山跡のこと

星糞峠の縄文黒耀石鉱山跡

ツチヤ沢の黒耀石原産地遺跡について、いまのところ紹介できることは以上のとおりですが、今後の調査によってその全貌が明らかになるようにすることが期待されます。しかしさきほどの紹介の冒頭で、この遺跡が「黒耀石鉱山跡と推定される」という、ややせっかちすぎることを言ってしまいました。そこでここで、すでに国史跡にも指定されて全国的に有名になっている、星糞峠の縄文黒耀石鉱山跡の発見の経過などを思い出しながら、黒耀石鉱山跡とはどんな遺跡かを説明しておきたいと思います。

図25はその鉱山跡の全体の鳥瞰図です。虫倉山《むしくらやま》という山の中腹から星糞峠にかけての約四ヘクタールの斜面に、直径二〇〜五〇メートルくらいの大きさをもつ凹み地形が、全体で二〇〇カ所以上も累々と広がっている、壮大ともいえる景観をわかりやすくイラスト図にしたものです。多くの人はこれを見て月面の

クレーターのようだと驚きます。たとえばこの遺跡を報道関係者としてはじめて取材に訪れた、読売新聞の片岡正人記者は次のような言葉でその感動を記事に書いています。

「平成五年（一九九三）の秋、初めて星糞峠に立った。さっきから気になっていたシャリシャリという響きは、黒耀石を踏みつけていた音だった。そして月のクレーターのような凹みが虫倉山の斜面を覆いつくしているのを目にした時、あまりの異様さに鳥肌がたった。これほど五感を揺さぶられた遺跡は後にも先にもここしかない」と。

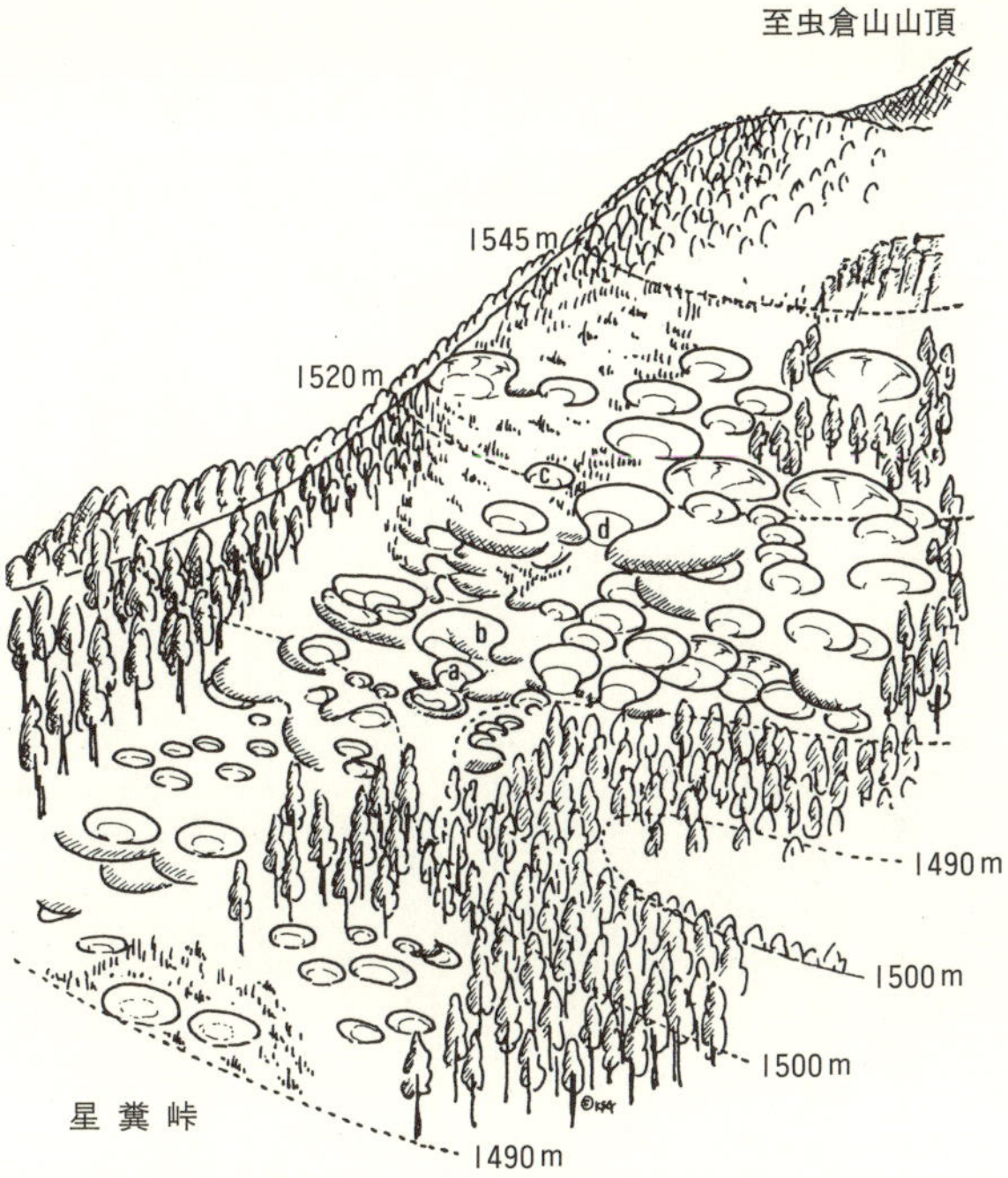

図25　星糞峠黒耀石採掘址群鳥瞰図（小杉康氏図）

この片岡記者の記事は、旧長門町と明治大学が共同で編成した「鷹山遺跡群調査団」が、星糞峠一帯の調査を本格的に開始した一九九〇年より三年後のことで、その調査が始まる前までは、この付近は原生林の中に大人の身の丈を超すようなカヤと熊笹に覆われて、地上の景色はほとんど見えないほどでした。そんな状態の山林に踏み込んだ調査団は、以前に山に入った町民から噂に聞いていた凹み地形をすぐいくつか確認できました。しかしそれが石器時代の人びとが掘った穴の跡だなどとすぐには信じられなかった。もし縄文時代のものとすると、少なくとも三〇〇〇年前ということになるわけですが、そんな太古の穴の跡が浅い凹みとはいえ、現代の地表で見えるわけがないと思い、せいぜい近世頃の炭焼きの跡ではないか等々、わたしを含めて調査団の誰もがそう考えていました。

一九九二年の夏の調査で、調査団はともかくその凹みが何であるかを確かめるため、一つの凹み穴の真中を断ち切るように設けたトレンチに、おそるおそる発掘の鍬を振り下ろしたのです。すると数日後、普通の遺跡では経験したことのないような複雑な堆積状態を示す土層の中から、まがうことのない縄文土器の大きな破片（約四〇〇〇年前の縄文後期の加曽利《かそり》B式土器）が顔を出したのです。この凹みになって残っている穴の跡が、縄文時代のものであることを実証できたのです。そのときは星糞峠の原生林の中は、調査団のみんながあげる「万歳！万歳！やった！やった！」という歓声で湧き返りました。

その後、調査団は三年間に及んでその第一号採掘址を掘りつづけ、径二〇メートルほどの採掘址の十分の一ほどをやっと掘りあげて、いったんその発掘を中断いたしました。そしてそれまでの調査結果に基づいてとりあえず復原したのが、図26の「縄文人黒耀石ヲ掘ル之図」というイラストです。縄文人が黒耀石の塊を掘り出そうと一生懸命に穴を掘りつづけている様子がよくわかると思います。そして棒の先に石斧《せきふ》（鍬先）をとりつけただけの粗末な道具を使って、おそらく長い日時をかけて深さ三メートルもの穴の底から、わずかな黒耀石の塊（大きくても人の拳の二倍程度）を得ようという執念にびっくりします。黒耀石は縄文人にとっても、それ以前の旧石器人にとっても、日本の石器時代においてはそれほど重要な資源だったのだということを、改めて実感として思い知らさせるのです。

採掘址の堆積層はすべて縄文人の採掘活動で掘り上げられた排土です。その複雑で細かく分けられる堆積状態は、年ごとのそして場合によっては一日一日の縄文人の採掘活動の進み具合や、作業の継続・休止

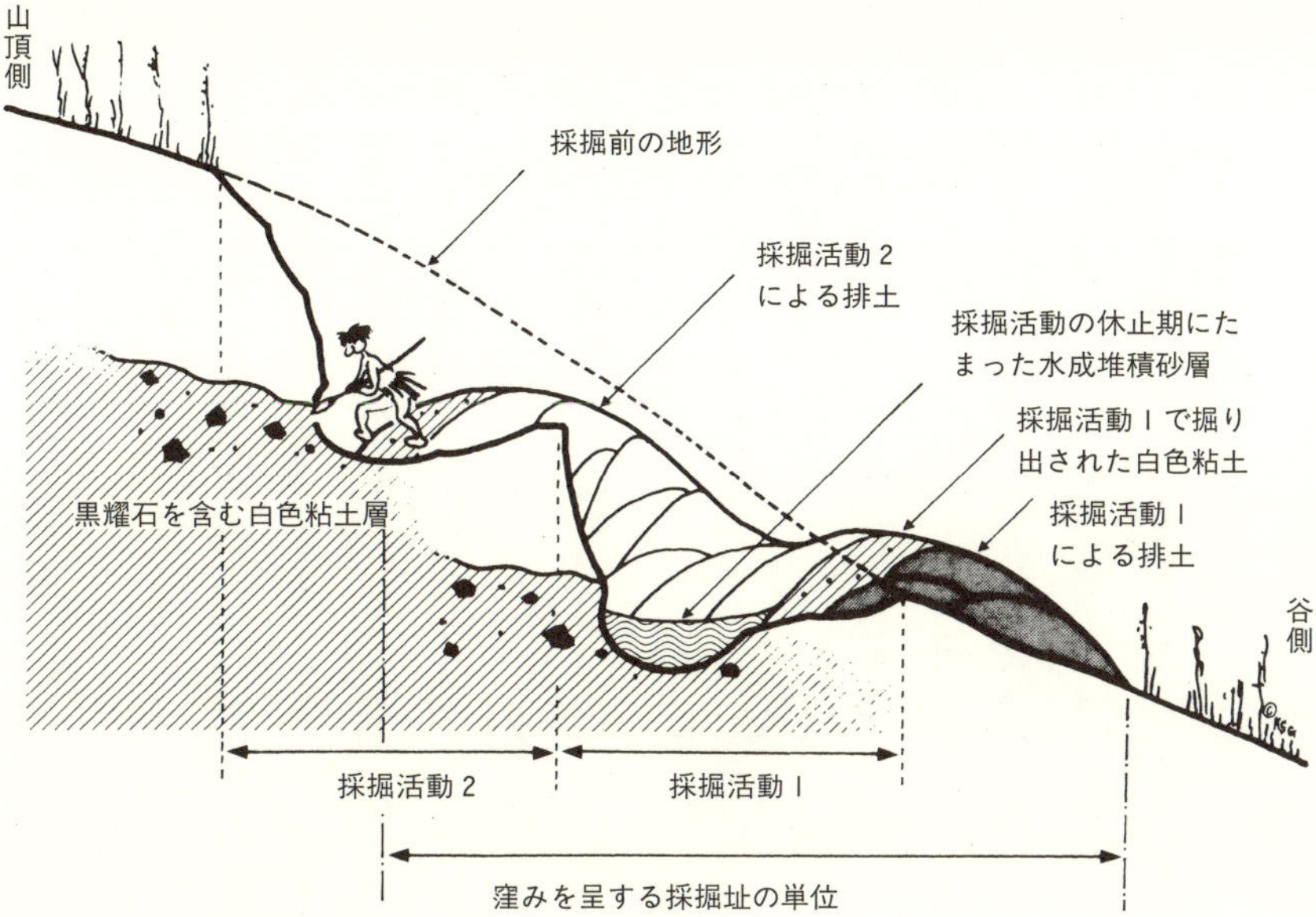

図26　縄文人黒耀石ヲ掘ル之図（小杉康氏図）

の推移などを知るまたとない考古学的資料です。それだけに発掘調査は細心の注意と多大の労力・時間が必要とされます。わたしはここまでの採掘址の発掘調査を経験して、一つの採掘址を調査しおわるには少なくとも一〇年以上、したがって星糞峠の黒耀石鉱山跡全体の発掘調査には、一〇〇年を超える長期計画でやる必要があるとみんなに言いつづけているのです。

ちなみにこの星糞峠の黒耀石鉱山跡の発見は、一九九三年秋、全国紙の一面トップ記事になって報道され、考古学界のみならず全国の人びとに驚きと感動を与えました。そればかりでなくその後、国外の研究者にも知られるようになり、二〇〇四年に長和町鷹山を会場の一つとして開催された、世界初の「黒耀石研究国際サミット」に参加した国内外の専門家たちは、数千年前の人類の営為の痕跡が現地表面に残されている黒耀石鉱山跡の光景を見て、一様に感嘆の声をあげていました。この様子を見て改めてわたしたちは、何百年かかろうとこの遺跡は発掘調査と研究を続ける価値がある、同時に発見者としての義務があると感じました。

世界最古の信州の黒耀石鉱山

星糞峠の黒耀石鉱山跡はいままでの調査の結果では、約一万年前から三〇〇〇年前までの時代、いいなおせば縄文時代の大部分を占める長い期間、その間には栄枯盛衰の波はあったと思いますが、七〇〇〇年もの間ずっと黒耀石の採掘活動が行われていたことがわかっています。

このように、石器時代の古い人類が石器の原料として大切な資源を、一カ所で集中的に、数千年もの長期間にわたって採掘しつづけたという遺跡は、少なくともいままでのところ世界中のどこでも知られていないのではないかと思います。

そういう理解のもとでわたしたちは、星糞峠で確認された二〇〇カ所以上の採掘址(一つの採掘址をさらに個々の採掘坑＝竪坑《たてこう》に分ければ、その数は数十倍に達するだろう)群を、単なる採掘址の集合体ではなく、全体として意味をもつ一体の存在と考えて、敢えて「縄文黒耀石鉱山」と呼び、しかも約一万年前から採掘が始まっていたらしいという調査結果をふまえて、世界最古の鉱山跡と位置づけたのです。

こうした評価は単なるハッタリではなく、黒耀石鉱山跡そのものの正確で詳細な調査、そこで採取された黒耀石の流通・利用などを広域のフィールドで研究を進めれば、縄文時代およびそれ以前の旧石器時代もふくめて、少なくとも三万年前以降の日本列島の人類史の変遷や文化の特徴、さらに当時の社会の仕組みなどについて、いままでにない確かな骨組みをつくることができると考えたからです。そして今後それに向けてみんなで努力しなければならないという決意をこめて、世界最古の信州の黒耀石鉱山の存在を世界中に発信したのです。

この点について一つ記憶しておかねばならないことを付け加えます。それは昭和三〇年代後半に藤森栄一・中村龍雄氏が行った下諏訪町の星ヶ塔《ほしがとう》遺跡の調査のことです。それは現代の工業的採掘場の切り通しに現われた、縄文時代晩期の黒耀石採掘坑の断面観察をするといった、調査としてはやや不十分なものでした。しかしその報告書の中で藤森先生は、その周辺にはさらに別の採掘址があることを予測して、縄文時代のある段階には、縄文人による黒耀石の採掘活動が「鉱山化」したと述べています。そしてその背景をいくつかあげて考察を加えているのです。これはすばらしい先見性というべきことで、いつもながら、わたしたちが尊敬して止まない信州の在野考古学者藤森栄一先生の鋭い指摘に改めて頭が下がります。

二〇〇〇年、文化庁は虫倉山の山腹から星糞峠にかけての約四ヘクタールの区域を国の史跡に指定しました。その登録名は「鷹山黒耀石原産地遺跡」ということで、黒耀石鉱山跡という呼び方は敬遠されたようですが、そう遠くない将来に名称変更されるものと期待しています。

4 世界遺産を目指して

岩脈を掘り抜いた黒耀石鉱山跡

星糞峠で黒耀石鉱山跡の調査が続いていた頃から、和田峠を境として長和町と隣接する下諏訪町でも、黒耀石原産地遺跡の調査が積極的に進められていました。そして東俣《ひがしまた》遺跡と星ヶ塔遺跡で黒耀石鉱山跡の存在がわかってきました。とくに現在も確認調査が続いている星ヶ塔遺跡は、大正時代に早くも鳥居龍

図27　黒耀石岩脈を掘り込んだ採掘坑。左上の岩脈は流紋岩（下諏訪教育委員会提供）

蔵・八幡一郎先生等によって、採掘址らしいものの存在が予測され、「石器時代の黒耀石の最大の供給地は信州・和田峠」と全国的に有名になった遺跡であるし、先述のように昭和三〇年代には藤森先生によって、縄文時代に「鉱山化」された採掘址群があったことを最初に指摘された、学史的にきわめて重要な遺跡です。

　下諏訪町教育委員会の宮坂清さんを中心とした最近の調査では、星ヶ塔山の北側斜面一帯に、星糞峠の鉱山跡にも匹敵する広い範囲にわたって、たくさんの凹地や段状の地形が群在しているのが明らかになりました。そしてその一つを試掘したところ、地下三メートル近い深さのところに黒耀石の岩脈そのものを掘り抜いた、バケツの底のような穴がいくつも見つかりました。図27の写真はその状態を撮したものです。灰色がかった流紋岩に並んで真っ黒な黒耀石の岩脈があり、その岩脈を一メートル以上も掘り込んだバケツの底のような穴が円形に見えるといった光景です。

　発見直後、わたしは宮坂さんに案内されて現場を訪れました。そして深いトレンチをのぞき込んでその光景を見たとたんに、その真っ黒な黒耀石の岩脈を固い棒の先でつついて、喜びの目を輝かしている縄文人の息づかいが聞こえてくるようで、思わず「この光景そのものが重要文化財に値する、じつに見事で感動的なものだ！」と大声で叫んでしまったほどでした。

いまの話の前に星糞峠の採掘址のことを紹介しました。そこでは星ヶ塔のそれとはちがって、深い竪坑を掘り下げて白い粘土層の中に含まれる球状（礫）の黒耀石を掘り出していました。星ヶ塔のように岩脈を直接掘り崩して得られる破片状の黒耀石とは形も性状もかなり違います。その違った原石をどのように加工したか、また目的として作る石器にどのように使い分けたのか、さらにそれらがどのように流通し合い利用されていったのか等々、黒耀石をめぐる縄文人の需要・流通、そしてその背景としてある経済・社会の構造についての数々の問題を解く鍵が、こうした黒耀石鉱山跡の特徴の中にも秘められているのだと強く感じました。

旧石器の黒耀石鉱山はあるか

冒頭に新発見の黒耀石鉱山跡かということで紹介したツチヤ沢遺跡のことは、これからの発掘や研究によって詳しい事実がだんだん明らかになると思います。

先ほどから、星糞峠や星ヶ塔の鉱山跡のことを説明する中で、それらが縄文時代の鉱山跡であったことを何回も話してきました。しかしツチヤ沢では鉱山跡があるのではないかと推測される範囲で、確実に旧石器と認められる資料がいくつか表面採集されていることに注目したいと思います。ツチヤ沢の黒耀石は石の質がよく、また大形の原石や石片が比較的目立つと、調査に参加した方が語っています。考えてみれば石器の原料としての黒耀石は、縄文人よりは旧石器人のほうがより多量に必要とし、石器づくりに、そして日常的な生活に欠かせない資源でした。

そう思って視野を少し広げてみると、ツチヤ沢川をそのまま少し下流に行くと男女倉川に合流し、その周辺には日本でも最大級といってもよい黒耀石原産地遺跡の男女倉遺跡群があります。そしてその大部分は約三万〜一・五万年前まで時代がさかのぼる旧石器時代の遺跡なのです。

わずか数点の旧石器が表面採集されたことで、ツチヤ沢の採掘址（黒耀石鉱山跡の一部）が旧石器時代のものだと推測するのは、仮説の域を超えていまのところ期待にすぎませんが、もしその期待が事実となれば、信州の黒耀石鉱山は一万年前（縄文時代）はおろか、三万前（旧石器時代）というとてつもない古さにさかのぼる可能性が出てくるのです。

ただしそうだった場合、縄文時代のそれといっしょくたにして、すべてを「鉱山」という名でくくっていいのか、鉱山といったものの性格と定義、それぞれの時代の文化や社会の背景など、学問上の厳密な議論が必要です。それらのことを前提としながらもツチヤ沢での新発見は、考古学的にもきわめて重要なさまざまな新しい課題を、今後の〝黒耀石文化〟研究の上に投げかけているものと考えます。

世界遺産への道

星糞峠の黒耀石鉱山跡は二〇〇〇年に国の史跡に指定（登録名は別）されました。そして星ヶ塔は文化庁の補助を受けて下諏訪町が、史跡指定を目指した確認調査が着々と進められています。さらにこのたびツチヤ沢の発見があって、これも今後の調査の如何によっては有力な指定候補の一つであるにちがいありません。

それだけではありません。図28の地図を見てください。☆印のついている所が全部黒耀石の原産地（産出地）で、ツチヤ沢の所だけは●印になっています。これらの原産地にはいずれも黒耀石鉱山跡があってもおかしくない場所です。それに加えて星糞峠のすぐ下の盆地状の場所には鷹山遺跡群、ツチヤ沢や高松

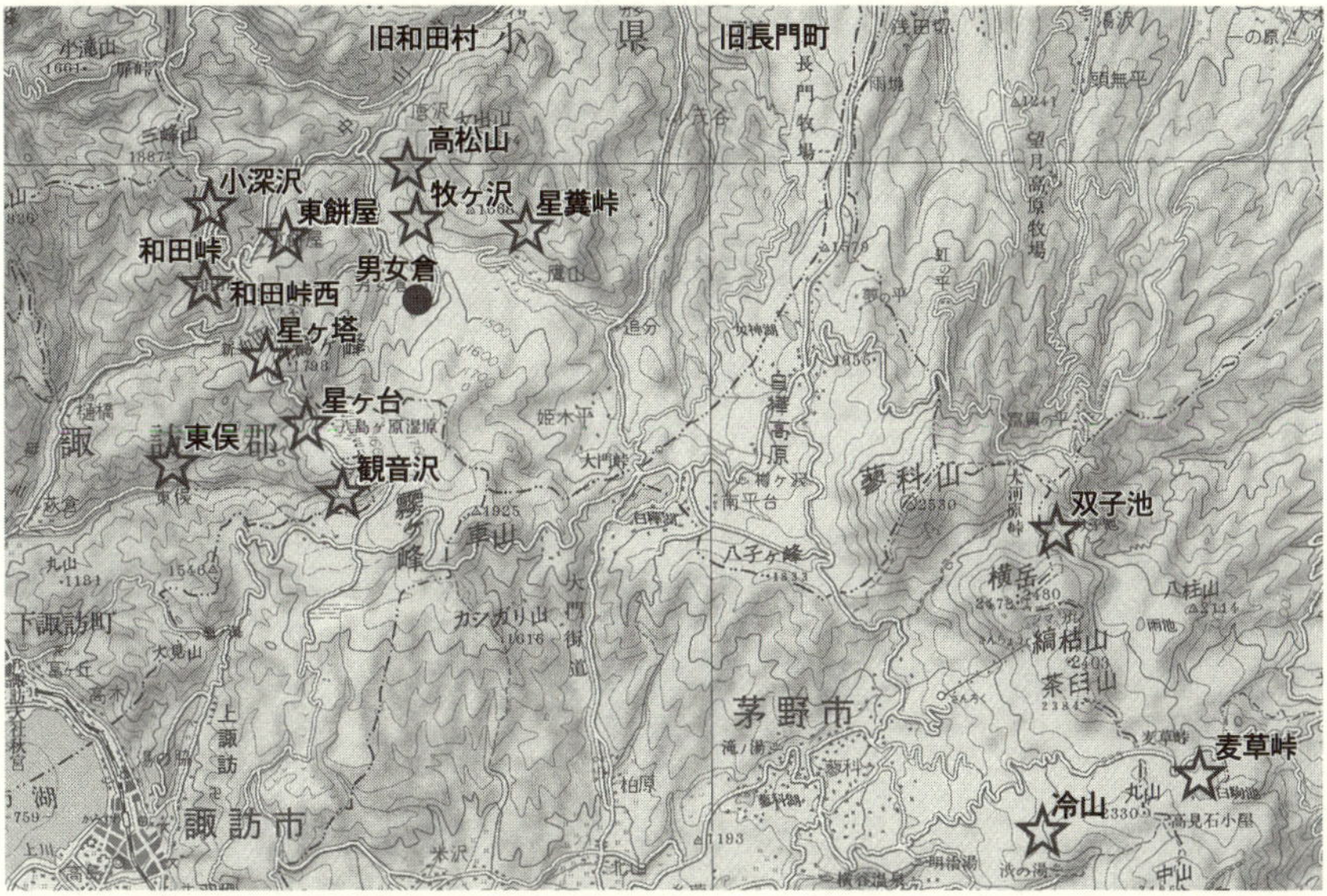

図28　霧ヶ峰・八ヶ岳の黒耀石原産地（●はツチヤ沢）（国土地理院20万分の1地勢図「長野」）

山、牧ヶ沢などの原産地に接するように男女倉遺跡群、さらに東餅屋《ひがしもちや》、小深沢《こふかさわ》のある和田谷にも多くの遺跡が点々と連なって存在します。おそらく下諏訪側の原産地群（星ヶ塔、東俣、星ヶ台、観音沢）の中にも、同じような遺跡が今後発見されるものと予測されます。諏訪市の八島ヶ原や霧ヶ峰高原にある多くの遺跡はその一環としてとらえてもよいものと考えています。

またこの地図の東のほうにやや離れて、茅野市の冷山《つめたやま》（渋川）や八千穂町の双子池など、八ヶ岳の一帯にもいくつかの黒耀石の大原産地があり、黒耀石の石器づくりや流通に関係した、旧石器・縄文時代の重要遺跡がひしめき合うように存在しています。

こうしてみてくると、もはや個々の黒耀石原産地遺跡を選んで国史跡に指定したり、それぞれの地方自治体、あるいは個別の研究団体や研究機関などがばらばらに調査や研究を進めているのでは、信州中央部に広がる、おそらく世界的にも稀な、黒耀石を核とする貴重な歴史遺産を、まさに地域の宝として保存・活用していくことは難しいのではないかと考えます。そうならば関係の市町村と学界・大学などの研究機関が一体となり、さらに地域住民とも一致協力して、前途は長い道程としても世界遺産への登録をめざすといった大きな夢を目標に、いまからできることを一歩一歩着実に実践する努力をしていくことを決意しなければいけないと思います。今年（二〇〇六年）第三回目を迎える「信州黒耀石サミット」（茅野市）は、昨年ここの長和町（旧長門町）が第二回目を主催しましたが、右に述べたような将来へ向けた取り組みの第一歩であることを、とくにご紹介させていただき、多くの方が参加されるよう期待いたします。

5　歴史の道・中山道にかけた夢

歴史への郷愁

黒耀石の話でだいぶ時間をとってしまいましたが、次に長和町のもう一つの「共有する歴史の文化」としての歴史遺産である、中山道と宿場についての話に移りたいと思います。といっても、徳川幕府が江戸に通ずる五街道の一つとして中山道を開通させたのは、いまから四〇〇年前の一六〇二年以後とされていますから、近世史や近代史に関してはまったく門外漢のわたしがここで専門的な話をすることなどとても不可能です。そこで今日の話は合併前の旧町村のみなさんが、中山道や宿場の保存などにどんな苦労を重ねてきたかということを中心に少し話をしてみたいと思います。

その前に、わたしは昔から旧街道とか宿場町などには、とても心ひかれるものがあって好きでした。以前には車でちょっと遠くまで旅するときなど、少しでも時間の余裕があれば、高速道路やバイパスなどをはずれてゆっくり旧街道を流し、途中で風情のある町並みや建造物があると、道の端に車を止めカメラを向けたり、そこに団子だとかそばなどのなつかしい食べ物屋があると、食事時でもないのについ入りこんでしまうのが癖でした。これは知識欲だとか勉強なんていうものではなく、ほのかなる歴史への郷愁というものだと思います。

これはわたし一人のことではなく、多くの日本人の共通の感性ではないだろうかとこの頃よく思います。たとえばテレビなどを見ていると、ドラマの筋はともかくいわゆる〝歴史もの〟〝時代もの〟といった番組が人気ですし、「水戸黄門」などは超長寿番組で毎日のように再放映しています。それに教養番組の中でも世界遺産を紹介したり、〝街道を歩く〟的な番組など、一日テレビの前に座っていれば、何本かそんな番組とつき合えます。なかなかいい作品もあって感心させられますね。

こうしたことは日本人なら、いや人間なら誰でもが心の奥底にもっている歴史への郷愁、人間の心の原点につながるものであって、わたしはたいへん大切なものだと信じています。

中山道と和田宿の復元に命をかけた「村の教授」

以前から旧街道や宿場町に淡い郷愁を感じていたわたしが、改めてそれ以上の強い関心をもった、というよりは新しい感動を覚えたのは、中山道の旧道や和田宿の復元に熱心に取り組んでいた旧和田村のみなさんと、直接お付き合いをしてお話を聞いたことがきっかけとなりました。

そのはじめは一九九〇年に、旧和田村と旧長門町の山間部一帯が大型リゾート開発の対象地となり、そこにある黒耀石原産地遺跡群をどうするかということで、長野県教育委員会が「黒耀石分布調査特別委員

図29　復元された和田宿本陣の一部（長和町教育委員会提供）

会」を設置し、旧和田村が「男女倉遺跡群分布調査団」を発足させ、わたしもその委員の一人として会議に出席したときのことです。

会議の議題は当然のこととして黒耀石関連の内容でしたが、それが終わって懇談の席に変わってから、当時の村長さんだった城下昭一さんが、村がもう一〇年以上もの間、中山道と和田宿の調査と復元・整備の事業を、きびしい敗政事情の下で、なんとか村民の協力と同意を得て続けている経過や苦労話を熱弁をふるって説明してくれました。そして小さな過疎の村ではあるがその事業を「全村歴史公園化構想」の一環として位置づけ、今後は黒耀石もふくめてその構想をいっそう推し進めていくと約束されたのです。とても感動的なごあいさつであったといまでもはっきり記憶しています。

会議があった日からあまり日をおかないある日、わたしは再び和田村を訪ねました。どうしても中山道や和田宿の復元・整備の様子を自分の目で確かめたかったからです。城下村長さんが「文化財係長をしているうちの上原教授です」といって、親しげに紹介してくれたのは上原茂さんでした。そう紹介された上原さんに案内されて、和田峠から谷の中の急坂な旧道をたどって中山道を歩き、和田宿本陣の復元工事の現場や、主な宿場の建物を見学させてもらいました。

その間中、情熱的な上原さんの説明の言葉に感動の気持ちをさらに深めました。当時多額の村費を投入した事業の推進を村長や役場の関係者、そして村民に必死に呼びかけたこと、村民や小・中学生たちが自主的に参加して、旧道の峠道の草刈りや路面整備作業に奉仕してくれたときの喜び、そして本陣の復元・整備では学者顔負けの専門的な勉強や調査をふまえて、〝本物〟の復元をすることに苦心したことなど、どれもこれも胸をうつような話でした。歳が若いのに髪の毛の薄い上原さんには、本当に〝教授〟の貫禄がそなわっているように感じました。

そうした旧和田村のみなさんの努力が実って、一九八七年には和田峠から男女倉口にいたる四・七キロメートルという長大な区間の中山道は、全国に先がけて「歴史の道」として国史跡に指定されました。その後一九九一年には復元・整備された和田宿本陣などいくつかの建物が追加指定されたのです。これは旧和田村の、そして新生長和町の世に誇るべき実績であり宝というべきです。しかしその大事業を推進し、村のみんなから「うちの教授」と慕われた上原茂さんは、まだお若かったのに数年前に措しまれて亡くなられました。

和田宿から長久保宿まで

いままで何回もふれましたように、中山道と宿場は合併した二つの町村が共有する歴史遺産です。旧和田村が先述のような中山道・和田宿保存整備事業に着手した一九八二年の同じ年に、旧長門町の長久保宿でも本陣等の古いいくつかの建物を町の文化財に指定し、宿場町の調査と保存・活用の事業を始めています。

「歴史の道」の整備、国史跡指定などの点では確かに旧和田村のほうが先行しましたが、町民有志による長久保宿から笠取峠に至る旧道の探索や整備などの活動が地道に進められてきましたし、一九九八年には長久保宿を主会場とした「中山道宿場会議」（第一二回）を町の主催で行っています。そして長久保宿の保存・活用に関する今後の活動の拠点として、二〇〇一年には「長久保宿歴史資料館」が完成しております。

ここで言いたいことは、そのときどきの地域社会、自治体の状況、あるいは保存・活用の事業対象となる歴史遺産そのものにも諸条件があって、結果としての実績には若干の差がありました。としても、長和町の住民のみなさんと行政は、旧町村の段階から、いやずっと以前から地域住民のみなさんの意識として、中山道や和田宿・長久保宿には長い間の親しみや、それを保有する喜びがあって、それに基づく歴史と文化を護り、共通する気持ちを抱きながら、和田峠から笠取峠まで一筋の中山道に沿った一つの地域で、長い時代に及ぶ暮らしを続けてきたということです。

そのような共通の認識こそ、これからの豊かで住みやすい町づくりの基礎になるものだと、わたしは信じております。

6　歴史の道は未来につづく

歴史遺産としての道

長和町をほぼ縦貫して西から東へ、そして南から北へ走る中山道は、ここ数百年の間の近世・近代の歴史の面影をいまに残す目に見える歴史の道です。そして中山道の先駆けといえる古代の東山道《とうさんどう》は、奈良・平安時代を中心とした時代の官道として、いまの長和町と境を接するほどの近くを通過していました。この二本の古道は古代の昔から日本列島を東西・南北とつなぐ幹線道路で、その時代時代の国の政治・経済の動向のうえに大きな役割を果たしました。そしてそれ以上に人と文化を交流させる大動脈であったわけです。この長和町と周辺の土地はまさに列島の中心、十字路にも当たる枢要の地でありました。

それに加えてもう一つのより古い歴史の道がいま見えはじめてきました。それは約三万年前から三〇〇〇年前にいたる石器時代の道です。いうまでもなく信州中央部の黒耀石原産地地帯から、遠く関東・東海・北陸など中央日本の各地の間を結んでいた〝黒耀石の道〟です。この歴史の道は街道とか道路といったかたちで見えるものは何一つ残していませんが、山を越え谷を伝って、旧石器人と縄文人にとって欠かせない重要な資源を運び、日本人と日本文化の基礎を作る大事な役割を果たした歴史の道というべきです。

これはまだいまはわたしの直感にすぎませんが、和田峠の下の和田谷の遺跡の分布状態をみると、それはあたかも中山道に沿うかのように点々と北に連なっているかに見えます。おそらく下諏訪側の谷筋や霧ヶ峯高原の尾根には、南につながる〝黒耀石の道〟が追えるように思われます。「中山道、あるいは東山道は旧石器時代からあった！」と思わず叫びたくなるような衝動を覚えるのです。

未来につづく歴史の道

先日、町の学芸員のみなさんと話していたとき、今後、和田宿、長久保宿、中山道をどのように保存・活用をはかり、それを町の将来の発展のためにどのように役立てるべきかが話題になりました。いろいろな計画や夢のことが自由に話し合われたのですが、わたしが受けとったみんなの話の一番重要だと考えた点は次のようなことでした。

歴史遺産の中山道と宿場、そして黒耀石についても同じですが、それらを愛して訪れてくる人たちと、古くからこの地で生活をしてきた住民とか交流し合い、互いに接点を求めて新しいものを創造できるような、そんなきづなを深めることのできる場として、歴史遺産を生かしたいということでした。

そのことが実際にどんなかたちで実現できるかは今後の課題であるにしても、たとえば今日この会場には中山道を愛し、黒耀石文化に関心をもつ地元の人びとや、長和町に通ずる古くからの道を通って県内外の遠方から来た人々が、こうしてこの会場いっぱいに席を並べているではありませんか。こうした交流を多くもつこと、そしてその接点をより密にすることを少しずつでも重ねることで、未来につづく歴史の道が見えてくるのだと思います。

そして歴史遺産を通じてみんなが交流を深めるということは、経済優先の国家戦略の下で退廃した日本人の心を、明日につながる新しい夢で更生させるのだと信じたいと思うのです。

11

歴史の真実に迫る学問観

05・7・23
多摩考古学会・講演

はじめに

創立四六年という長い伝統をもつ、多摩考古学会の総会にお招きいただき、話をする機会を与えられたこと、とてもうれしく思います。今日も会場に以前に親しくさせていただいた古い会員のお顔も見え、大変懐しく存じます。それにしても、もうかれこれ二〇年以上もご無沙汰を重ねてきたことをお詫びいたします。

さて、五月のはじめに和田哲さんから丁重なお手紙で、今日の講演の依頼をいただきまして、ルーズなわたしとしてはめずらしく、即座にお受けいたしました。その理由は次のような点でありました。

第一の理由は偶然といいますか、むしろ因縁であるかもしれませんが、今年はわたしも当初から関係をもってきた、長野県考古学会が主催している、「藤森栄一賞」が創設されて三〇周年の節目を迎えました。

そして先月開催された県の学会の総会で、みなさまもよくご存知の方かと思いますが、川崎の村田文夫さんが受賞されました。村田さんの地域研究の業績と、つねに市民とともに学ぶという姿勢と実践が高く評価されたのです。

この評価はすでに四六年間という多摩考古学会の活動に対してもいえることですが、そのことを証明する事実として、いまから三〇年前、第一回目の藤森栄一賞の栄誉をになわれたのは、いまもなおこの会の指導的立場におられる椚《くぬぎ》国男さんであったことを、みなさまもよくご記憶のことと思います。

そこで、いまこの会場におられます椚さんに、改めてみなさんとともに、大きな拍手で、その栄誉とその後のご活躍、そしてこうしてまだ健康でがんばっておられることを讃えたいと思います（拍手）。ありがとうございました。

椚さんと同じように、古い会員のみなさんの中には、生前の藤森先生とお近づきの方々も少なくないと存じます。おそらく先生も墓場の蔭から、喜んで拍手を送ってくれたことにちがいありません。ちなみに今年（二〇〇五年）は藤森先生は三十三回忌を迎えておられます。

さてそういうことで、今日のわたしの話は「歴史の真実に迫る学問観」と題して、やや固い表題のつけ方ですが、生涯を在野考古学者として過ごし、多くのすばらしい業績や著書を残した藤森栄一という考古学者が、どんな考えを抱いて研究や著作活動に取り組んだか、そしてその基本にはどんな「学問観」があったのかを、ここでみなさんとともに改めて考えてみたいと、講演をお引き受けした次第です。

1　いままた藤森考古学に触れる

本題に入る前に、若干わたくしごとに及ぶ話をさせていただきます。わたしは三年前（二〇〇一年）に大学を退職し、その秋には日本考古学協会を退会して、教育、研究の現役引退を決意いたしました。やや唐突な行為であったというので、まわりの人びとからは「無責任だ」「何か不都合なことがあったのか」などとご心配くださった声をふくめて、いろいろなことを言われました。

わたしとしては、中学一年生のとき、それは太平洋戦争の終戦直後のことでしたが、藤森先生などとの出会いもあって考古学のとりこになりました。それから六〇年、馬車馬のように考古学の道を突っ走って今日にいたったわけですが、その間自分は何を目指して考古学をやってきたのか、そして日本の考古学界は新しい二十一世紀という時代に向けて、どんな役割を果たしてきたのかといった問題を、「自分史」をふり返りながら考えることが、少し前、とくにあの「旧石器発掘捏造《ねつぞう》事件」の検証調査などにかかわる中でだんだん多くなっていました。

そんなときあたかも戦後六〇年の「虚栄の繁栄」を追いつづけてきた、日本という国の政治・社会の情勢も大変重苦しい状況になり、わたしは考古学という学問の存立基盤も崩壊するのではないかという危機をもちました。

わたしの現役引退を「敵前逃亡ではないか」と厳しく批判した人もいました。それはわたしの不徳のいたすところで、その批判は甘んじて受けなければいけません。しかしわたしとしては長い間、考古学の場にかかわってきた研究者の一人として、さまざまな社会の矛盾を生み出す本当の敵に立ち向かい、考古学の存立基盤を確かにする「学問観」というものがあったのか、さらに自分をふくめた過去の日本考古学界で、そうした真剣な努力がなされてきたのかどうか、深い反省をしてみたかったのです。

そのために現役引退といった手段が必ずしも適当だとは思われませんが、ともかく一度立ち止まって、自分の過去を、そして自分が身を置いた周辺の情況をふり返ってみたかったのです。

そんなことを考えながら、衰えた体力をかばいつつ、細々と以前に書いた論文や雑多な文章・資料などを整理しているうちに、つい最近のことですが書棚の隅から、昔信州の出版社が出していた『地域と創造』という雑誌を見つけ出しました。そしてそれには「藤森考古学の現代的意義」と題した、わたしの小文が載っているのを再発見したのです。

これは藤森栄一先生が亡くなって四年後に、その雑誌が特集した「藤森栄一の世界」に寄稿したものです。ちなみに椚さんが藤森栄一賞の第一回受賞の直後のことでした。もう約三〇年前に書いた古いエッセイですが、今日はその文章を追いながら、「藤森考古学の現代的意義」を「歴史の真実に迫る学問観」といい直して、それが何なのかをみなさんと探ってみたいと考えます。

2　学問観の転換をかけた保存運動

このエッセイの書き出しは、藤森栄一先生の故郷でもあった、信州諏訪の阿久《あきゅう》遺跡の保存運動のことからはじまります。先生が亡くなられてから三年後のことですが、そのとき中央高速道路（西ノ宮線）の工事が東京と名古屋の両方面から急ピッチで進められ、ついに八ヶ岳西南麓のわずかな区間を残して、完全貫通が間近であるという状況の中で、その残された区間で発見された縄文前期の阿久遺跡が、「縄文時代観の転換を迫る」大発見だということで、長野県考古学会を中心にした研究者と多くの県民が一体となって、一大保存運動が展開されたのです。

その運動は一九七六年から七八年の足かけ三年間にわたり、全国の研究者や広範な国民の支持を受け、保存要望の署名には全国から四万人以上の人びとが参加するほどの盛り上がりを見せました。運動の推移の詳細はここでは話しきれませんが、国会や県議会でも取り上げられましたし、国の文化財保護審議会（当時）でも保存の意見書が出されたりしました。

図30　縄文土器を見つめる藤森栄一の目
（諏訪市博物館提供）

その結果、一九七八年には高速道路は通すが遺跡も保存するという、ベストではないがベターな結果と、保存運動側が評価するような決定が下され、阿久遺跡は道路下の埋没保存部分を含めて、異例の速さで国史跡に指定されることになって、保存運動は一応の結着をみたのであります。

わたしはエッセイの中で、阿久遺跡保存運動の意義を次のように位置づけました。お聞き苦しいと思いますが、その古い文章の一部を朗読しますので聞いてください。なおその全文は近刊の『歴史遺産を未来へ残す』（新泉社、二〇〇五年）に再録しましたので、お読みいただければ幸甚です。

「阿久遺跡の問題は、現在突然ふってわいた問題ではなく、そのよってくる根は深い。それは戦後の、とくに一九六〇年代以降の高度経済成長政策による文化財の大量破壊と、その現実に対して、学問的良心をもって、十分に対応しきれなかった研究者の意識の間に生じた矛盾として顕現した問題なのである。いや、そればかりでなく、明治時代以来一世紀の間、学問の世界の周辺に起こったさまざまな現実の問題、たとえばアジア諸国への侵略戦争にさえ眼をつぶり、神話に代わる科学的原始・古代史探究の役目を自ら放棄するといった、無節操で無思想的であった日本考古学の体質と、深くかかわる問題でもあると考えられる。

それゆえ、阿久遺跡の保存運動に、かつてない盛り上がりの中で、積極的に主体的にとり組んでいる長野県の考古学研究者のたたかいは、地域としての信州ばかりでなく、日本の考古学と考古学研究者の学問観の転換をかけた、重大な一つの試練であると位置づけられなければならないだろう。

その意味でも信州の偉大な考古学者藤森栄一が残した多くの学問の「灯」の中で、まず、その学問観を再発見することが、われわれにとって必要なことである」

3　幽霊の古代史を操るもの

長い拙文の朗読（引用）で失礼いたしました。さていま読んだ小文の中に書いた藤森栄一先生の学問観を探るために、わたしのエッセイでは、先生の生前の業績の中から三つの例をあげて紹介しました。まずその一つは、一九三七年（昭和十二）に先生が雑誌『信濃』に投稿し、当時の編集者栗岩英治氏がためらいながらも勇気をもって活字にした、という後日談が伝わる「脚のない古代史」という論文です。ここでその一節を紹介いたします。

「現在わが祖国に対して、学究が注いでいる努力のうち、もっともばかげている努力はなにかと問われたなら、その的外れの焦燥のはなはだしきものとして、第一に〝古代研究〟をあげるのに私は躊躇しない。（中略）日本民族の歴史の一頁はいまや重大な危機に立っているというほかない。じつに科学を中心にわれわれの生活は発展し、われわれの後継者もまたそれを基礎としてのびつつあるいま、古代史にかぎりそれにしても笑止な非合理的な方法で、若い子供たちの頭を導こうとしたら、懸命に騙してそれで通っているうちはそれでいい。だがいまにその禁断も弾圧も嵐のような爆笑に吹き飛ばされてしまう時がくるに相違ない」

ここで藤森先生は、当時、国民のすべてが国定教科書などを通じて強制的に教えられていた、神話的古代史すなわち非科学的な誤った日本の古代史は〝脚のない幽霊の歴史〟だときめつけたのです。

ちょっと思い出しておきたいのですが、この文章の書かれた一九三七年という年は、日本が中国への武力侵略を本格化したいわゆる「支那事変」が起こった年です。やがて踏み込む全面的な第二次世界大戦「アジア・太平洋戦争」の前哨戦ともいえる戦争の時代で、国民の生活も学問・思想の自由もまったくうばわれた、日本の現代史の中で一番暗黒の時代でした。

いまひと言加えれば、イラクへの自衛隊派兵、憲法改悪の企み、そして歴史教科書問題等々、われわれの身近なさまざまな動きを通して、いままたそうした暗黒の時代が再来しないようにと、わたしなどはおそれおののいています。

いまからもう七〇年も前のそんな暗黒の時代に、藤森先生が神話の古代史は脚のない幽霊の歴史だと喝破したこと、そしてそんなごまかしはいつか吹きとばされると予言したこと（事実一〇年もたたず敗戦によって現実となった）は、大変な勇気と見事な先見性のある発言だったと、改めて驚かされます。

こうした誤った〝幽霊の古代史〟がはびこる中で、考古学者をふくめた古代史研究の担い手たちは、いったいどうしていたのかという状況について、藤森先生はきびしい目を注ぎ、痛烈な批判の言葉を発しています。その筆致は暗黒時代の周辺への配慮があったせいか、文章全体としてやや抽象的ですが、要するに権力による弾圧をおそれて、大多数の研究者は〝純学術的〟な影に隠れて、古代史の真実に触れることは極力避けているということを指摘しているのです。ここではそのくだりの全文を読みあげませんが、次のような文章がそのポイントです。

「まず多くの人々は、その絶壁の飽食性の残忍さをおそれ、おたがいの夢を破壊しない程度に、その壁の前ではてることのない、ぐるぐる廻りを続けている」とか、「やがて……われわれも超巨大な意志力のために、その首筋をたたかれて空しく終る」人もあれば、「欣然として、時々に変化する支配力に迎合し、時の流れに乗ずるために、古代研究を看板にしようとする」等々の言葉が並んでいます。これはまだ若い頃とはいえ、考古学に限りない可能性を信じ、研究に情熱を注いでいた藤森先生の、純粋な怒りの気持ちがよく表われている発言だと感じます。

4　歴史にコミットできない考古学

ところで藤森先生の怒りの声の裏にあった、当時の考古学の状況はどうだったかということを、誰彼という個人の評価ということではなく、学界の一般的体質の問題として、日本考古学史をふり返ってみるとよくわかります。

一八七七年、大森貝塚の発掘で幕をあけたとされる、近代科学としての考古学の歩みを大きな流れとしてとらえてみますと、まず初期の明治時代は坪井正五郎《しょうごろう》博士を中心とする、「人種民族論争」の時期としてくることができます。この論争は一般の人びとを考古学や人類学に興味をひきつける大きな役割を果たしたことは事実です。しかし最大の論点の一つは、各地で発見数が増えた石器時代人（主に縄文時代）の遺跡については、「アイヌ」のものか「コロボックル」のものかという論争をあおりたて、そのいずれであるにしても天皇家の直接の祖先であるべき「大和民族」とは縁もゆかりもない、「異民族」か「先住民族」であって、日本国家の成立とは関係のない野蛮人のものであるという印象を、一般国民に植えつけたにすぎません。

ついで大正から昭和のはじめにかけては、古い「人種民族論争」の学史を総括、克服するというかたち（目的）で、「個別実証主義的研究」の段階に進みます。考古学の研究だから実証的・科学的になったことは、それ自体大きな進歩だと思う人が多いと思います。確かに考古学は実証される事実に基づいて研究することが基本です。しかしその裏には重大な欠陥もあったのです。

試みに『広辞苑』をひらいて「実証主義」の項目をみますと、このように書かれています。「所与の事実だけから出発し、それらの間の恒常的な関係を明らかにする、厳密な記述を目的として、一切の超越的・形而上学的思弁を排する立場」と。

この解説は哲学上の考えを述べたもので、やや難しく受けとれます。そこで最も端的に、わたしたちの身近な考古学の研究のことを例にとって説明すると、次のようなことになるのではないかとわたしは考えます。たとえば縄文土器を文様や形の特徴に基づいて、型式学的に細かく分類して土器型式をつくる。さらにそれに層位学的な検討を加えてそれら新旧関係をくらべて、言葉は過ぎると思いますが、重箱の隅をつつくような厳密さで編年を論じるといったのが、大正・昭和を通じた縄文文化研究の主流だったのではないでしょうか。

しかしその土器が縄文人の生活の中でどのように使われたか、また生きた人間の歴史を明らかにする歴史遺産として、土器研究の役割が見直されるようになったことは、研究史の中では比較的最近のことでした。それまでは土器は細分や編年されることが研究の目的であるようにさえ扱われてきたのです。

たまたま引用した実証主義についての『広辞苑』の解釈の言葉をそのまま借用して言うと、考古学の世界では「超越的・形而上学的思弁」に基づくややつっこんだ研究や解釈をすると、それは厳格な学者のすることではなく、そんなものは素人の俗説にすぎないとすぐ馬鹿にされたり、時には非難を受けることさえありました。これが「個別実証主義的研究」の特質だということです。

あとで少し触れるつもりですが、藤森先生晩年の「縄文農耕論」に対する、学界の権威者といわれたある一人の学者の反対意見などは、まさに実証主義的な考古学の典型だったといえます。それはともかくとしても、こんな研究姿勢の下で〝脚のない古代史〟をそのままにしておくと、とんでもないことになると、当時、藤森先生は強く警告していたのです。先ほど朗読した「日本民族の歴史の一頁はいまや重大な危機に立っている……」に始まる先生の一文でした。

5　真実の古代史を求める古墳群研究

「脚のない古代史」で、当時の古代史と考古学研究の動向を強く批判した藤森栄一先生は、その二年後の一九三九年に、自らの学問観を具体的な研究を通して実践するという意気込みで、「信濃諏訪地方古墳の地域的研究」という大作の論文を発表しました。

これは戦前、在野の学会として官学の学会と肩を並べて活動していた、東京考古学会の機関誌『考古学』の一冊分をほとんど独占するほどの大論文で、書いた先生はまだ二十七歳、前の年に結婚したみち子夫人を調査助手として使い、二年間にわたって諏訪盆地にあるほとんどすべての古墳を実地調査し、その出土遺物を集成して書き上げた論文でした。それはまさに若き日の藤森先生の研究者生命を賭けるほどのアルバイトだったのです。

藤森先生はこの大論文の冒頭でかなりの頁数を費して、古墳研究の意義や、自分の研究の目的などを語っています。その中から古墳研究の理念というべきことを端的に伝える部分を拾い読みしてみます。

「本稿の意義は墳墓、集落の両立地を総合して、その意義を立体的に組み立てたことにある。氏族集落と古墳はかくして相互に具体化し、やがては歴史の重要な頁の構成に参与することであろう」

いまでこそ古墳時代や奈良・平安時代など古代の集落遺跡は、どこでもたくさん掘られていますが、藤森先生がこの論文を書いた頃は、諏訪地方でもようやく、八ヶ岳山麓の縄文遺跡尖石《とがりいし》で、宮坂英弌氏によってわが国最初の発見といわれる原始集落の発掘が始められたばかりのころで、古代の集落などまったくといってよいほど知られていませんでした。

しかし藤森先生は古墳がある以上、それを作った人びとが住んだムラがあるはずだと考え、古墳と集落を一体としてとらえなければ、当時の社会や文化の実態はわからないと考えました。そこでまだ集落遺跡そのものの発掘や研究がまったくない中で、たまたま諏訪地方に根強く残る諏訪神社関係の伝承やわずかな記録を頼りに、古い「氏族」の居住域と古墳の関係を、立体的に捉えようと試みたのです。このことが後年の先生のユニークな業績の一つとなる「諏訪神社の考古学的研究」の基礎にもなるのです。

そのことは措いても、古墳と集落の総合的研究という方法は、「古墳の研究はいままでの研究の範疇の先入観を打破することによってのみ、あらゆる地域においてこの方向をさらにすばらしく発展せしむるであろう」と先生自身の言葉で宣言されたような、非常に先進的な視点を示すものであったということができます。

そういった研究の新しい方向を目指す藤森先生はその発言に続いて、当時のアカデミズム中心の古墳研究への批判を次のように述べます。

「われわれはいわゆる古墳の、それを発掘したり調べたりすることを、いま古墳研究といっているが、墓を知るために古墳がもっぱら対象とされている今は、日本上代文化研究も容易に古墳文化研究という珍妙な範囲から抜け出ることはできないのである。この時代の研究を古墳時代研究と命名したことは、やむをえないこととはいいながら、誠に自らをうがちて妙なる皮肉であった」と。

この藤森先生の文章は、前のほうでも言いましたような、いまから七〇年前の昭和史の暗黒時代のものなので、なにか奥歯にものがはさまったような歯がゆさを覚えさせます。また先生が扱った山国信州の諏訪盆地の古墳群は、大部分が古墳時代末期の地ぶくれのような封土をもつ小円墳で、副葬品も実用的な馬具ばかりが目立つ貧弱なものでした。総体として古墳文化の発達が遅れた貧相な、一〇〇基あまりの古墳群であったということもあって、畿内や大和政権の影響が強かった地域の大古墳を研究していた、中央の学界の権威者に遠慮していたところも感じられます。

そこで藤森先生が論文を発表してから、敗戦をはさんだ四〇年後に、先生に代わってというとおこがましいのですが、先生が七〇年前に本当にいいたかったであろうことを、わたしなりにいい換えた文章、はじめのほうの話で紹介したエッセイ(「藤森考古学の現代的意義」)の中から、ちょっと長い文章ですが朗読(引用)させていただきます。

「明治時代以来、日本考古学は皇国史観の固い枠組の中で、帝室博物館や帝国大学を中心としたアカデミズムが、皇国の顕彰のために古墳の研究を許されたことがあったとしても、権力者の表徴としての古墳と、一般庶民の生活の場である集落を関連づけて、そこに上代文化と上代人の生活の実相を把握しようという、藤森の理念を生かすような研究はありえなかった。そのような研究が神話以外に国家形成の歴史などありうべからざるものとする、時の政治権力にとってはいかに危険なものか、また逆に藤森にとってはいかに勇気の必要なことだったか、さらに当時の日本考古学総体の問題意識からくらべれば、どれほど新鮮で正当のものだったか、その学史的意義ははかり知れぬほど大きなものだったはずである。(中略)

かくして、地域を単位としてそこに残された古墳と集落を、その地域の古代史の歴史構成の素材として生かすことを目的とした、真に歴史学としての考古学がとるべき研究の方法は、敗戦後まで、いやごく最近になっても、まだ十分に定着しきっていないという、日本考古学の停滞を生み出しているのである」

この最後のところで「日本考古学の停滞」などというい い方は、古墳研究の専門家でもなく、最新の研究状況などよく知らないわたしの言葉として、現役の研究者には叱られるかもしれませんが、いまから三〇年前の発言だということで許していただけるものと思っています。

それにしても藤森先生の論文はそれよりさらに四〇年前、それに自由にものもいえないあの暗黒時代のことであったことを思えば、歴史の真実に迫る学問観を貫いた藤森栄一先生の気迫に、改めて圧倒される想いを強くするのです。

6　研究の流れを転換した縄文農耕論

一つの学問観に貫かれた藤森先生の考古学上の業績の中で、縄文時代のそれについていえば、先生の後半生に当たる戦後の最も重要な実践は、縄文農耕論にかかわる研究でありました。

敗戦直後の一九四八年（昭和二三）に発表された、「縄文焼畑陸耕の諸問題」という論文で火のついたこの論争は、日本考古学史の中では最も息の長い重要な論争の一つだったと思います。そしていまなお解明しなければいけない問題を多く残していますが、縄文時代の研究全体にとっても、また日本列島の人と文化の基層にかかわる、歴史的な重要性をふくんだテーマでもありました。

いまここで縄文農耕論の具体的内容、その研究の経過や問題点などについて、具体的に詳細にお話をする時間はありませんが、わたし自身いままで書いた縄文農耕論に関する論文で、その評価や意義などについて、概略次のようなことをしばしば言ってまいりました。

その第一の点は、縄文農耕論はそれまでの縄文時代研究を大きく変質させた、いい直せば土器編年偏重の研究をパラダイム・シフトしたといってもよいということです。今日の話の前のほうで触れましたが、大正から昭和の前半にかけて日本考古学界に定着した実証主義的研究の下では、重箱の隅をつつくような土器の編年研究や、個別資料の細密な研究が主流であって、文化全体や社会の構造を知ろうという目的をもった、いわば歴史の真実に迫るといった研究は進展せず、あるときにはそういう研究は排除されてきました。藤森先生は「いつまで編年だけをやるか！」と、折にふれて叫びつづけてきました。

ところが先生による縄文農耕論の提起と、その実証のための八ヶ岳西南麓での調査・研究が進展するようになると、学界全体としてあまり積極的でなかった諸課題、たとえば集落の研究、生業や生産に関する研究、それに伴うさまざまな遺物や遺構などの性格、用途の問題、さらに自然環境と人の生活の生態関係等々といった研究が、自然科学者の積極的な参画にも助けられて全国的に活発化したのです。

藤森先生の提起した縄文農耕論を軸とする研究は、長い経過と紆余曲折があったとはいえ、着実に「個別実証主義的研究」に風穴をあけ、研究者の気風を一変させ、縄文研究の学風を大きく変えたといってよいのです。

こうして〝藤森栄一の蒔いた種〟は、先生の死後の若い世代の研究者に引き継がれ、いまや縄文時代研究の主流となって、いろいろな成果が示されています。先生にとって本当に喜ぶべきことですが、それにしても生前の先生は死の直前まで、中央の学者からは屈辱といってもよい批判を受けています。思い返すのもいやなことですが、将来の在野研究者と地域研究の発展のためを思って、敢えてここで話しておきます。

藤森先生が亡くなる前の年（一九七二年）に、『シンポジウム・縄文時代の考古学』という本が出版されました。そこには縄文農耕論をとりあげた座談会が集録されています。先生の必死の思いともいえる問題提起や説明を受けて、時には途中で先生の発言を止めて、ある著名な考古学者が次のような言葉で批判の言葉を返しています。

「ぼくから見ると、（縄文農耕）などまだ十分な追求がなされていないとしかみえないのです」「（藤森さんなど）はどうも本気でやっているように見えないですよ」「農耕の存在を証明するなら、一番大切な農具とか、栽培植物の種子を見つけるのが考古学の方法の基本です」（（　）内筆者注記）というのが、その本から引用した批判の言葉の一部です。

この発言者が縄文農耕論に異論があること自体は悪いことではありません。しかし藤森先生とその共同研究者たちが戦後三〇年以上もかけて、しかも在野の研究者としてどこから調査費用を貰うのでもなく、手弁当で営々として積み重ねつつある研究に対して、「追求が不十分」、とくに「どうも本気でやっているようには見えない」という言葉は、学界の指導的立場にいる学者の発言としてどんなものでしょうか。わたしは許せません。

以上の話と直接関係ないかもしれませんが、まだ記憶に新しい「旧石器発掘捏造事件」も、地域の研究者の真摯な夢や願いと、学界の権威といわれるような人との間にある意識の矛盾が、一つの要因ではなかったかと、この事件の検証調査を通じてわたしは考えつづけていました。

縄文農耕論について、それに対する学界からの反論、とくに中央の権威といわれる学者の反対の姿勢といった点に、わたし自身の感情を交えた話が走ってしまいましたが、縄文農耕論でも、またこの前にお話した古墳群の研究にしても、そこに流れる藤森栄一先生の研究の理念といいますか、考古学の学問観の根底にある大事な方法論は、地域研究を重んじるという立場です。

7 在野考古学そして地域研究

考古学における地域研究の重要性とその方法等については、今日この場では話し切れないので省略いたしますが、要はその地域にある歴史遺産としての遺跡や遺物は、中央の学界や権威（アカデミズム）の視点から見た、いわば学界の常識や通念に縛られた研究ではなく、その地域に生き、その地域の歴史を最も愛する研究者や、もっと広く地域住民の手によって掘り起こし、独創的な研究を進めることが大切だということです。

いまここでわたしがみなさんに向かって、生意気なことを申し上げるまでもなく、多摩考古学会は五〇年近い歴史の中で、自主的に地域に根ざした研究と、地域の歴史と自然を大切にする多くの活動を実践されてきた団体であると、わたしは敬意を表したいと思います。

最後に藤森考古学の永遠性ということで、七〇年前の藤森先生の叫びをみなさんともう一度聞いてみたいと思います。

「資料の学問より人間の学問へ。古代日本人の生活とともに、われわれの限りなき魂の延長の探究へ。

まず新しい学問の体系を建てるためには、古い学問の死骸をとりのぞくことだ。まだ晩くはない。皆を呼んでくれ。私たちの民族の将来を見通すことのできる、学問の創造のために……」(「掘るだけなら掘らんでもいい話」一九三八年)

アジア・太平洋戦争の敗戦後六〇年、いまわたしたちの生活や学問をとりまく日本社会の状況が、さまざまな問題というよりは危機的な現実に直面している中で、七〇年前のこの藤森栄一先生の叫びを、みんなの心に深く受けとめることは、考古学を志してきたわたしたちにとって、一つの大きな使命であることを訴えて、わたしの話を終わりたいと思います。

著者紹介

戸沢充則（とざわ　みつのり）

1932年、長野県生まれ。考古学者。

1945年秋、旧制中学校1年生の時に、学校の裏山で縄文土器片を拾った感動から考古学の道を歩む。高校生時代には、藤森栄一氏の主宰する「諏訪考古学研究所」に参加。その後、明治大学文学部考古学専攻に進学。以後、明大で岩宿時代・縄文時代の研究と学生の指導をつづけ、明大考古学博物館長、文学部長、学長を歴任。2000年3月に退職。明治大学名誉教授。その一方、「市民の考古学」をモットーに各地で市民参加の発掘調査、考古地域史研究を実践する。

2000年12月より2002年6月にかけて、日本考古学協会の「前・中期旧石器問題調査研究特別委員会」委員長として、旧石器発掘捏造事件の検証調査にあたる。

編著書　『考古学のこころ』『考古地域史論』『歴史遺産を未来へ残す』『増補　縄文人の時代』（以上、新泉社）、『縄文人は生きている』（有斐閣）、『岩波講座　日本考古学』（共編著、岩波書店）、『縄文人との対話』『縄文時代史研究序説』（以上、名著出版）、『先土器時代文化の構造』（同朋舎出版）、『縄文時代研究事典』（編、東京堂出版）ほか多数。

語りかける縄文人

2007年6月20日　第1版第1刷発行

著　者＝戸沢充則

発　行＝株式会社 新 泉 社

東京都文京区本郷2-5-12

振替・00170-4-160936番　TEL 03(3815)1662／FAX 03(3815)1422

印刷／三秀舎　製本／榎本製本

ISBN978-4-7877-0709-3　C1021